철도로 보는 세계의 문화

철도가 놓이면서 달라진 역사와 문화 이야기
철도로 보는 세계의 문화

1판 1쇄 인쇄 2021년 06월 17일
1판 1쇄 발행 2021년 06월 24일

지은이 백나영, 이은지
그린이 지문, 김희정
펴낸이 정해운
책임편집 김천미
관리 김인수
디자인 Design Group All

펴낸곳 가교출판
출판등록 1993년 5월 20일(제201-6-172호)
주소 서울 성북구 성북로 9길 38, 401호
전화 02-762-0598~9, 080-746-7777(수신자 부담)
팩스 02-765-9132
E-MAIL gagiobook@hanmail.net
홈페이지 http://가교출판사.kr

ISBN 978-89-7777-929-7 (73980)
ⓒ 백나영·이은지·지문·김희정, 2021

- 이 책의 글이나 그림을 재사용하려면 반드시 저작권자와 가교출판 양측의 동의를 얻어야 합니다.
- 잘못된 책은 구입하신 서점에서 바꾸어 드립니다.

책과 마음을 잇겠습니다 | 가교출판

철도가 놓이면서 달라진 역사와 문화 이야기
철도로 보는 세계의 문화

지은이 백나영, 이은지 | **그린이** 지문, 김희정

가교출판

책머리에

거대한 쇳덩이 철도에 담긴 세계의 다양한 문화와 역사!
**웃음과 눈물, 발전과 혁명을 함께 실어 나른
철도의 두 얼굴을 통해
과거와 현재, 미래를 따라가 보는 색다른 철도 여행기…**

'철도' 하면 무엇이 떠오르나요? 아마 "기차 타고 놀러가는 거요!" 하고 말하는 친구들이 많을 거예요. 살랑살랑 봄바람이 부는 날, 차창 밖의 풍경을 보며 철길을 달리는 건 상상만 해도 신나는 일이지요.

여러분은 철도에 어떤 이야기가 담겨 있을지 생각해 본 적이 있나요? 무심코 타는 열차지만 빽빽한 철길만큼이나 철도 안에는 다양한 문화와 역사가 숨겨져 있답니다.

우리나라의 경우도 그래요. 당시 일제 강점기였던 우리나라의 첫 철도는 일본이 놓았거든요. 철도가 놓이면서 많은 것들을 일본에 빼앗기게 되었지요. 하지만 모든 나라가 이렇게 철도에 아픈 역사를 담고 있는 건 아니에요. 철도와 함께 다른 산업이 크게 발전하고 꽃피운 곳들도 많답니다. 지금부터 각 나라들의 철도에 어떤 문화와 역사가 담겨 있는지, 한 곳 한 곳 발걸음을 옮겨 볼 거예요.

영국은 '신사의 나라'로 잘 알려져 있지만, '철도의 아버지'라고 불릴 만큼 철도 역사에 첫 페이지를 장식한 중요한 나라예요. 유럽 변방에 있는 작은 섬나라가 한때는 세계를 호령할 정도의 거대한 대제국이 될 수 있었던 건 철도의 역할이 컸답니다. 자석처럼 사람도 돈도 끌어당긴 철도가 영국에게는 황금알을 낳아 준 거위 같은 존재였어요.

독일은 철도가 놓일 당시 크고 작은 연방으로 이루어져 있었어요. 그 중 가장 힘이 센 나라는 프로이센이었어요. 프로이센은 철도로 경제적 통일을 넘어 국가 간 통일까지 이루었답니다. 하지만 철도가 꼭 긍정적인 면만 가져왔던 것은 아니에요. 2차 세계대전에서 유대인들을 실어 날랐던 독일의 철도는 '죽음의 열차'라는 오명을 썼거든요. 독일 철도의 다양한 얼굴을 같이 만나 보아요.

오늘날 미국의 모습을 만드는 데 굉장히 큰 역할을 한 것 중 하나가 철도예요. 미국은 동부, 서부, 남부, 북부의 자연환경과 기후가 제각각이라 할 만큼 영토가 넓거든요. 그런 미국을 하나로 묶어 준 것이 바로 철도예요. 철도가 놓이고 기차로 넓은 지역을 오갈 수 있게 되면서 산업이 발전하기 시작했어요. 우리 몸의 혈관처럼 미국 전역으로 뻗어 나간 철도는 사람과 자원을 곳곳으로 실어 나르는 중요한 역할을 했답니다.

철도를 이야기할 때 '시베리아 횡단 철도'를 빼놓을 수 없어요. 지구 둘레의 4분의 1 정도나 되는 세계에서 가장 긴 철도가 러시아에 있답니다. 이렇게 긴 철도를 만들기까지는 많은 사람들의 땀과 눈물이 담겨 있지요. 러시아 편에서는 모스크바에서 블라디보스토크까지 이어진 시베리아 횡단 철도 여행을 함께 떠나 볼 거예요.

영국의 식민지였던 인도는 철도로 인해 많은 것을 잃은 나라예요. 당시 인도는 목화로 이름난 나라였어요. 하지만 그리 오래 가지 못했지요. 바로 철도 때문이에요. 면직물의 원재료인 목화는 철도와 선박을 통해 영국으로 빠져나갔거든요. 인도의 면직물 산업은 뿌리째 흔들릴 수밖에 없었답니다. 영국에 의해 놓인 인도의 철도를 '인도의 눈물'이라고 하는 까닭이 짐작이 되나요?

세계에서 가장 많은 인구를 자랑하는 곳답게 중국의 열차도 세계에서 가장 많은 승객과 화물을 실어 나르고 있어요. 지금은 철도라는 이동 수단이 없는 중국을 상상할 수 없지만 처음부터 철도가 환영받았던 건 아니랍니다. 서양 사람들이 가져온 사람 잡아먹는 거대한 쇳덩어리라는 오명을 쓰고 있었거든요. 그렇다면 어떻게 지금의 환영받는 철도가 되었을까요? 중국 편에서는 중국 스스로의 힘으로 만들어 낸 '민족 철도'를 알아볼 거예요.

일본은 특히나 철도를 사랑하는 나라로 꼽힌답니다. 도쿄에서 요코하마를 잇는 첫 철도가 생긴 지 150여 년이 된 지금까지 일본의 철도 사랑은 이어져 오고 있어요. 세계 최초의 고속철도 신칸센을 비롯해 열차 종류도 다양할뿐더러 철도역에서 파는 도시락 에키벤은 일본 철도 여행의 큰 즐거움으로 꼽힌답니다. 세계에서 가장 긴 해저 터널도 일본에 있고 말이죠. 아시아에서 가장 적극적으로 철도를 받아들인 곳이 바로 일본이에요.

한국 철도는 일제 강점기에 일본에 의해 놓이기 시작했어요. 당시 고종 황제는 어떻게든 대한 제국의 힘으로 철도를 놓아 보고자 했지만 일본의 모략 때문에 쉽지 않았어요. 식민지였던 대한 제국은 철도로 인해 많은 것을 빼앗겼어요. 일본인들은 무력을 앞세워 노동력을 착취했고, 그렇게 놓인 철도를 이용해 대한 제국의 자원을 일본으로 가져갔어요. 하다못해 사람들까지요. 눈부시게 발전한 현재 한국 철도의 모습 뒤에는 잊을 수 없는 아픔이 담겨 있답니다.

지역과 지역을 연결하며 광활한 공간을 달리는 철도 속에서 과거와 현재, 미래를 넘나드는 시간 여행을 할 준비가 되었나요? 지금부터 설레는 마음으로 세계 곳곳의 문화를 탐험하는 기차 여행을 떠나 보아요. 영국에서부터 우리나라까지, 어떤 모습의 철도와 열차가 우리를 반겨줄지 기대해도 좋아요.

백나영, 이은지

차례

01  영국의 산업 혁명을 이끈 철도

- 영국 철도 이야기 ⋯ 010
- 더 알아보아요 ⋯ 024

02  독일 통일의 기초가 된 철도

- 독일 철도 이야기 ⋯ 028
- 더 알아보아요 ⋯ 040

03  미국의 동서남북을 이어 준 철도

- 미국 철도 이야기 ⋯ 044
- 더 알아보아요 ⋯ 056

04 세계에서 가장 긴 러시아 시베리아 횡단 철도

- 러시아 철도 이야기 ⋯ 060
- 더 알아보아요 ⋯ 072

05 인도의 눈물이 된 철도

- 인도 철도 이야기 … 076
- 더 알아보아요 … 090

06 나라의 자긍심을 높인 중국 철도

- 중국 철도 이야기 … 094
- 더 알아보아요 … 106

07 야망을 실어 나른 일본 철도

- 일본 철도 이야기 … 110
- 더 알아보아요 … 122

08 식민지 약탈의 수단이 된 한국 철도

- 한국 철도 이야기 … 126
- 더 알아보아요 … 140

01
영국의 산업 혁명을 이끈 철도

'영국' 하면 어떤 것이 떠오르니.
신사의 나라, 변덕스러운 날씨, 여왕과 왕족 등이 있지.
우리에게 생소한 나라는 아닐 거야. 영국은 유럽 변방에 있는 작은 섬나라야.
하지만 한때는 세계를 호령할 정도의 거대한 제국이기도 했지.
전 세계 영토의 4분의 1을 통치했고 많은 나라에 영국 깃발을 꽂았어.
그래서 영국은 한때 '해가 지지 않는 나라'라고 불렸단다.
영국 본토에 해가 진다고 해도 식민지 어딘가에서는 늘 해가 떠오르고 있었거든.
작은 섬나라가 어떻게 전 세계를 지배하는 대제국이 될 수 있었을까.
여기에는 영국에 놓인 철도의 역할이 컸어.

 영국

철도가 놓이기 전의 영국

아주 오래전부터 인류에게 불은 꼭 필요한 존재였단다. 불이 있어야 음식을 익혀 먹을 수 있고 몸을 따뜻하게도 할 수 있었으니까. 이렇게 중요한 불을 얻기 위해서는 나무나 풀 같은 땔감이 필요한데 18세기 영국에는 이 나무 땔감이 부족했어. 숲의 나무를 마구잡이로 베어 내 농사짓는 땅이나 양을 기르는 목초지로 만들었거든.

다행히 영국은 이즈음 나무 땔감을 대체할 수 있는 게 있었는데 바로 석탄이야. 영국 땅에는 석탄이 많이 매장되어 있었거든. 나무보다 몇 배의 열을 낼 수 있었지. 특히 산업 혁명 이후 석탄은 더 많이 필요해졌단다.

석탄 소비량을 맞추기 위해 광부들은 점점 더 많은 석탄을 캐내야 했어. 한번 불붙은 산업 혁명의 불길을 꺼트리고 싶지 않았거든. 그들은 산업 혁명이 나라를 더 발전시키고 더욱 편리한 생활을 할 수 있게 해 줄 거라 믿었지. 하지만 캐낸 석탄을 다시 다른 지역으로 옮기는 게 큰 문제였어.

"이 많은 석탄을 어떻게 다 옮겨야 할까요?"

"그러게 말입니다. 캐는 것도 위험하지만 옮기는 것도 문제예요."

처음에는 마차로 석탄을 실어서 옮겼어. 하지만 석탄이 너무 무겁다 보니 시간도 오래 걸리고 돈도 많이 들었지. 그래서 만들어 낸 것이 운하란다. 운하는 사람의 힘으로 육지에 물길을 만들어서 배가 다니게 한 것을 말해. 처음 이 운하를 만든 건 브리지워터 공작이야. 부자였던 그는 워슬

영국

리 근처에 탄광을 가지고 있었어.

'우리 탄광에서 캐낸 석탄을 어떻게 하면 맨체스터로 쉽게 옮길 수 있을까……'

그는 큰돈을 투자해 운하를 만들었고 결과는 성공적이었어. 마차로 실어 나르는 것보다 운하를 이용하는 것이 훨씬 빨랐지. 이런 사실이 알려지면서 사람들은 앞다투어 운하를 만들기 시작했단다.

하지만 운하를 건설하는 데는 정말 많은 돈과 시간이 들었어. 물길을 인공적으로 만들어 내는 것도 어려움이 많았지. 그래서 사람들은 더 저렴하고 편리한 다른 운송 수단을 고민해야 했어.

영국에서 만든 최초의 증기 기관차

그러던 차에 아주 획기적인 발명품이 만들어졌는데 바로 '증기 기관'이야. 증기 기관이란 '증기를 이용해 힘을 얻는 장치'를 말해. 이 발명품 덕분에 사람들은 지금까지 인류가 이용해 온 어떤 힘보다 더 강력하고 효율적인 힘을 얻을 수 있게 된 거야.

1712년에 영국의 뉴커먼이라는 사람이 탄광의 물을 퍼내기 위해 증기를 이용한 장치를 만들었는데, 이것이 세계 최초의 실용적인 증기 기관으로 꼽힌단다. 또 1769년에는 영국의 와트가 개량을 거듭해 현재의 우리가 알고 있는 형태의 증기 기관을 만들었단다.

증기 기관이 가장 먼저 본격적으로 활용된 건 면직물을 만들 때 쓰는 방적기야. 증기 기관을 이용한 방적기로 이전에는 상상할 수 없을 정도로 많은 양의 면직물을 생산할 수 있게 되었어.

"귀한 면직물 옷을 입을 수 있게 되다니 꿈만 같아."

"맞아. 예전에는 부자들이나 입을 수 있는 옷이었는데 말이야."

계속해서 새로운 기술들이 더 많이 개발되고 그 전에는 가질 엄두도 내지 못했던 상품들도 쏟아져 나왔어. 더 저렴한 가격으로 말이야. 면직 공업부터 기계, 제철 공업 등 영국의 관련 산업들이 폭발적으로 발전했단다.

그리고 이 증기 기관을 새로운 운송 수단에도 이용해 보려는 노력이 시작됐어. 증기 기관을 이용해 증기 기관차를 만들어 보려는 거였지.

수많은 시도 끝에 마침내 증기 기관차를 처음 만들어 발전시킨 사람이 있단다. '철도의 아버지'라고 불리는 조지 스티븐슨(1781~1848년)이야. 스티븐슨은 탄광촌에서 석탄 사이사이에 있는 불순물을 없애는 일부터 열차의 운전과 관리까지 맡아서 부지런히 일했어. 그러다 독학으로 기계와 엔진에 관해 공부하기 시작했지.

당시 최고의 발명품이던 증기 기관을 마차와 연결하려는 노력은 계속되고 있었지만, 누구 하나 성공하는 사람이 없었어. 긴 연구 끝에 스티븐슨이 원래 있던 증기 기관의 보일러와 실린더의 모양과 성능을 더 좋게 만들어서 마침내 최초의 석탄 운반용 기관차를 만들어 냈지. 울퉁불퉁 톱

🇬🇧 영국

니 모양 바퀴도 매끄럽게 다시 만들고 말이야. 크고 무거운 증기 기관차가 빠르게 달리는 데 성공할 수 있게 만든 거야.

"드디어 세계 최초로 여객용 철로를 통해 기관차가 달릴 수 있게 됐어요. 말보다 몇 배는 빠르게 말이죠!"

"그것도 무거운 석탄 열차를 끌고 말이에요."

빠르게 목적지까지 갈 수 있는 획기적인 교통수단이자 많은 짐을 한 번에 효율적으로 운반할 수 있는 괴물 같은 기계가 생겨난 거야. 증기 기관차의 성공으로 영국 사람들은 철도 산업의 가능성을 꿰뚫어 보기 시작했지.

"항구 도시 리버풀과 공업 도시 맨체스터 사이에

"철도를 건설해 봅시다!"

"두 도시 사이에는 이미 운하가 있지 않나요?"

"운하는 요금도 너무 비싸고 시간도 오래 걸려서 다들 철도를 놓아 달라고 난리예요"

철도 회사는 두 지역 사이를 오갈 증기 기관차를 고르기 위해 큰 상금을 걸고 첫 기관차 경주 대회를 열었어. 그리고 이 대회에서 스티븐슨이 새롭게 만든 증기 기관차인 '로켓호'가 안정적으로 운행을 해냈지.

'기관차 성공만으로는 만족할 수 없어. 튼튼한 철도가 필요해.'

스티븐슨은 기관차만큼이나 튼튼한 철도를 만드는 것이 중요하다고 생각했고 리버풀에서 맨체스터 구간에 자신만의 철도, 즉 철로를 선보였단다. 그리고 이 철로의 폭 1,435㎜는 곧 전 세계적인 '표준 선로 폭'이

영국

되었지.

로켓호의 성공과 함께 1840년대 영국에서는 대대적인 철도 건설 붐이 일어났어.

"철도를 이용하면 짐꾼 만 명이 넘게 있어야 나를 수 있는 화물을 기차 한 대가 한 번에 옮겨 버릴 수 있어요."

"운송하는 비용도 점점 줄고 있으니 정말 획기적인 변화이지요!"

 황금알을 낳는 거위, 철도

리버풀-맨체스터를 오가는 철도의 성공적인 운행으로 철도 건설과 기차의 인기는 영국 전체로 퍼져 나가기 시작했어. 몰려드는 승객과 물건들을 감당할 수 없을 정도로 큰 인기를 끌었지. 철도 건설을 방해하거나 기차가 큰 필요가 있을까 의심했던 사람들도 새롭고 거대한 운송 수단과 기계의 폭발적 인기를 실감할 수밖에 없었단다. 런던의 부자들은 철도와 기차가 황금알을 낳는 거위라는 생각에 아낌없이 투자를 하기 시작했지.

철도가 생기면서 영국인들의 삶도 아주 많이 바뀌었어. 처음 기차를 탄 사람들이 어떤 느낌을 받았을지 상상해 볼 수 있겠니.

"마차와는 비교할 수 없군. 창문 밖 나무와 집들이 너무 빠르게 지나가는걸!"

"길도 울퉁불퉁하고 비라도 내리는 날에는 진흙에 바퀴가 빠져 중간에 멈추는 일이 허다했지 않았나? 철도를 따라 기차로 여행을 하니 정말 쾌적하군."

걸어서 몇 년이 걸리던 곳, 마차로는 몇 개월이 걸리던 거리를 이제 기차로 며칠 만에 갈 수 있게 된 거야. 멀리 떨어진 사람들과도 오고 갈 수 있게 됐고 여행도 가능해졌지.

영국은 철도에 대한 법을 만들고 철도 건설과 기차에 관한 사업들을 국가적으로 발전시켰단다. 새로운 철도 노선이 마구잡이로 생기면서 노선이 겹치는 경우까지 생겼어.

철도가 놓이면서 도시의 모습도 새롭게 변했어. 전에는 운하가 있는 항구 도시가 중심이었다면 철도와 함께 육로 중심의 도시들이 발달했거든. 또 철도를 통한 기차 여행객이 늘면서 이들에게 물건을 팔려는 상인, 음식이나 잠자리를 제공하려는 사람들도 철도역 주변으로 모여들었지. 한때 철도가 놓이는 걸 반대하던 도시들도 이제는 어떻게든 철도를 놓기 위해 바쁘게 움직였어. 철도는 자석처럼 사람도, 돈도 끌어당겼으니까.

철도를 달리는 기차에는 사람뿐만 아니라 신문도 실려 있었어. 영국을 대표하는 신문인 〈타임스〉는 철도 운행시간에 맞춰 신문을 찍어 냈지. 철도에 실려 온 신문 덕분에 이제 몇 킬로미터 떨어진 곳에서도 어젯밤 무슨 일이 있었는지 바로 알 수 있게 되었단다. 인터넷이나 스마트 폰이 생긴 것만큼이나 획기적인 변화였지.

🇬🇧 영국

철도와 함께 사람들은 기차 안에서 책을 읽을 수 있게 됐어. 마차는 덜컹덜컹 움직였지만, 철도를 달리는 기차는 흔들림이 거의 없어서 창밖 풍경을 보며 얼마든지 책을 읽을 수 있었거든. 스미스라는 사람은 런던 유스턴 기차역에 첫 서점도 열었단다.

"열차가 출발하기 전까지 1페니만 내면 재미있는 책을 읽으면서 기차를 기다릴 수 있답니다! 책을 빌리고 싶은 분은 도착하는 역에서 반납만 하면 되지요."

철도를 달리는 증기 기관차에 연결한 화물 열차를 통해 엄청난 양의 물건들을 멀리까지 보낼 수 있게 되자 공장들은 더욱더 많은 상품을 만들어 내기 시작했어. 영국에는 더 많은 증기선, 더 많은 철도, 더 많은 공장이 생겨났지. 공장이 늘어나면서 큰돈을 버는 부자들도 생겨났단다. 그리고 많은 농민은 농촌을 떠나 도시로 가서 노동자가 되었지. 영국은 점점 더 부자가 되어 갔어.

하지만 영국은 이것만으로 만족하지 않았어. 생산한 물건들을 팔 곳들을 찾기 시작했거든. 영국 안에서 물건을 소비하는 속도보다 만들어 내는 속도가 더 빨라졌기 때문이야.

"이제 영국 안에서만 장사해서는 이 넘쳐 나는 물건들을 다 팔 수가 없겠어."

"식민지를 만들어 우리가 만든 물건을 쓰게 합시다!"

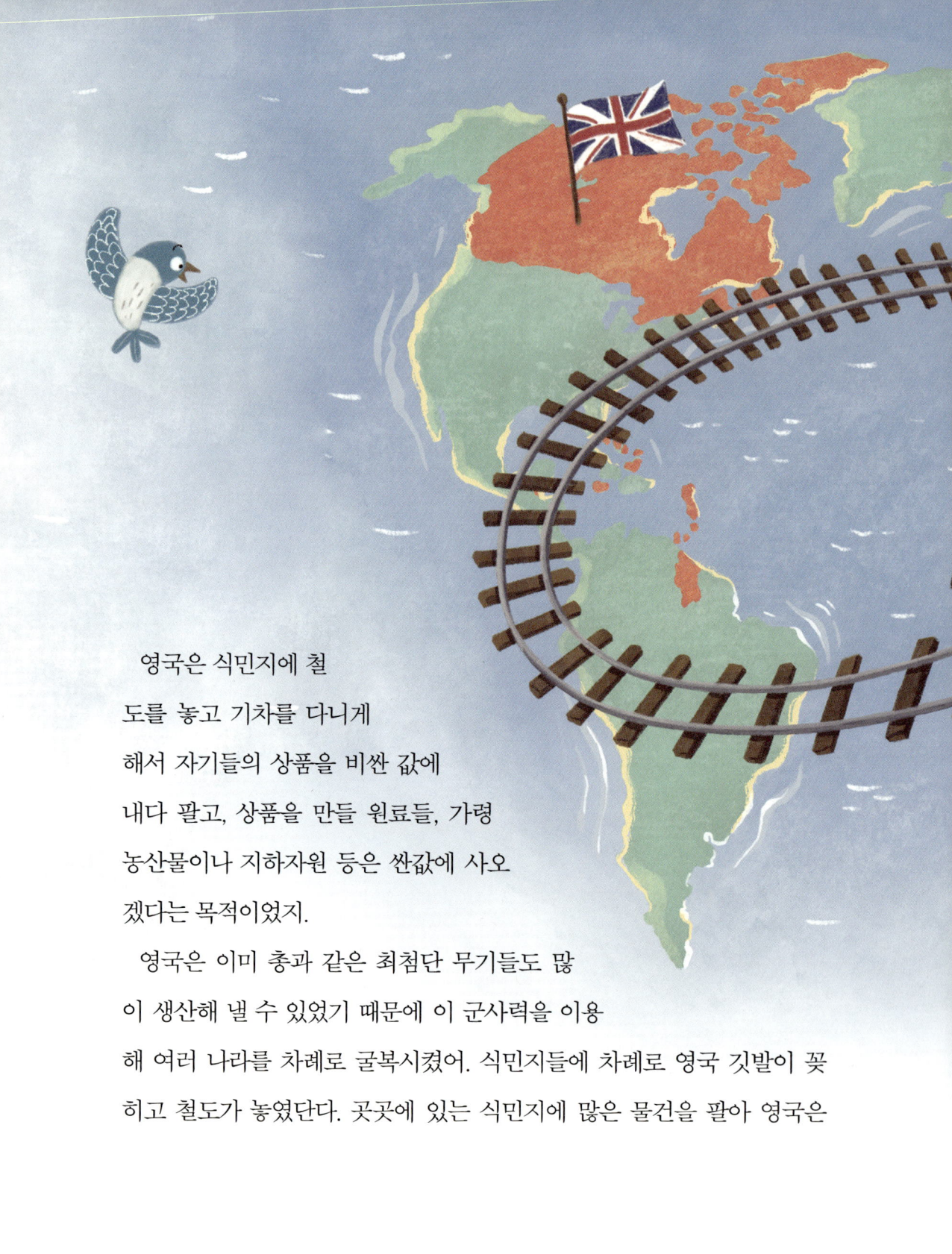

　영국은 식민지에 철도를 놓고 기차를 다니게 해서 자기들의 상품을 비싼 값에 내다 팔고, 상품을 만들 원료들, 가령 농산물이나 지하자원 등은 싼값에 사오겠다는 목적이었지.

　영국은 이미 총과 같은 최첨단 무기들도 많이 생산해 낼 수 있었기 때문에 이 군사력을 이용해 여러 나라를 차례로 굴복시켰어. 식민지들에 차례로 영국 깃발이 꽂히고 철도가 놓였단다. 곳곳에 있는 식민지에 많은 물건을 팔아 영국은

엄청난 부자가 되었어.

  하지만 영국의 식민 지배를 받은 국가들은 반대 상황이 되었어. 헐값에 나라의 자원을 팔고, 비싼 값에 영국의 상품들을 사야 하는 상황이 계속되면서, 나라살림은 몹시 어려워지고 말았지.

영국

더 알아보아요

• 철도와 피시 앤드 칩스(fish and chips)

　비가 많이 오는 변덕스러운 날씨와 척박한 땅. 영국은 확실히 음식을 만들 수 있는 재료가 풍부한 나라는 아니야. 그래서인지 미식가들이 선호할 만한 요리도 별로 없지. 그런 영국에도 피시 앤드 칩스라는 대표 요리가 있는데 들어봤니? 피시 앤드 칩스도 철도가 생기면서 널리 퍼질 수 있었단다.

　영국은 섬나라니까 생선을 구하기 쉬웠지만 철도가 생기기 전까지는 바다 근처 사람들만의 음식이었어. 하지만 이곳저곳 철도가 놓이면서 바다에서 잡힌 생선들을 도시까지 신선하게 옮길 수 있게 되었단다. 철도를 달리는 기차가 자주 운행될수록 생선 값도 싸졌지. 이렇게 저렴해진 생선을 기름에 튀겨 감자와 함께 먹는 요리가 바로 피시 앤드 칩스야. 처음에는 노동자들이 많이 찾는 한 식당에서 시작한 음식이었는데 큰 인기를 끌면서 산업 혁명이 진행되던 도시의 많은 음식점들이 너도나도 메뉴에 올렸어.

　간편하게 열량을 낼 수 있는 튀김 요리인 피시 앤드 칩스는 노동자들 사이에서 폭발적인 인기를 끌었지. 감자로만 끼니를 때우곤 했던 영국의 가난한 노동자들이 철도와 기차 덕에 다른 영양분도 섭취할 수 있게 된 거야.

피시 앤드 칩스

• 해리 포터와 킹스 크로스 기차역

영국에서 관광객들이 가장 많이 찾는 역은 어디일까? 호그와트 마법 학교로 가는 기차를 탈 수 있는 특별한 정거장! '해리 포터' 시리즈에 나왔던 9와 3/4 승강장이야. 이 승강장은 실제로 영국 런던의 킹스 크로스역에 있단다. 이 기차역은 1852년 만들어졌는데 우리나라의 서울역처럼 런던 교통의 중심지야. 영국의 많은 기차 노선이 이곳에서부터 시작하거든. 하지만 너무 오래돼 한때는 음침하고 어두컴컴한 장소로 변해 버리기도 했단다. 2009년에 재개발 사업을 시작하면서 지금은 빅토리아 시대의 아름다운 모습으로 변신했어. 옛것과 새 것이 조화를 이루면서 역 주변도 발전해 관광 명소가 되었지. 역에 있는 해리 포터 기념품 가게에서는 다양한 마법 용품들도 판다고 하니, 킹스 크로스역에 가면 호그와트 마법 학교에 입학하는 기분을 느껴 볼 수 있겠는걸?

킹스 크로스 기차역에 있는 9와 3/4 승강장

영국

• 플라잉 스코츠맨의 부활

2016년 2월 25일, 영국 증기 기관차 플라잉 스코츠맨이 킹스 크로스역을 출발했어. 열차는 런던 북부의 역사 도시 요크를 거쳐 영국 국립철도박물관을 향했단다. 2004년 영국 국립철도박물관에서 열차를 사 2006년 복원 작업을 시작한 지 10여 년 만의 일이었지. 1923년 만들어진 플라잉 스코츠맨은 영국을 대표하는 증기 기관차란다. 영국 철도의 역사가 담긴 묵직한 기관차가 흰 연기를 내뿜으며 철로를 다시 달리자 사람들은 손뼉을 치며 환호했어. 영국 산업 혁명 시대의 유물인 플라잉 스코츠맨의 부활은 영국인들에게는 매우 역사적인 일이었거든.

플라잉 스코츠맨

• 유레일패스(eurailpass)

유레일패스

유럽 여행을 떠나기 전이라면 꼭 준비해야 하는 게 있어. 기차 탑승권인 유레일패스야. 기차표는 여행지에서 사면 되지, 왜 미리 준비해 두어야 하냐고? 유레일패스는 일반 기차 탑승권 하고는 다르단다. 유레일패스 한 장으로 영국, 독일, 프랑스, 이탈리아 등 유럽의 여러 나라를 자유롭게 다닐 수 있거든. 유레일패스는 크게 두 종류인데, 한 나라에서 사용할 수 있는 '원 컨트리 패스'와 여러 나라를 넘나들며 이용할 수 있는 '글로벌 패스'가 있어. 글로벌 패스로 다닐 수 있는 유럽의 나라들은 33개국에 이른단다. 정해진 기간 동안 횟수에 상관없이 무제한 이용할 수 있지. 이동할 때마다 기차표를 끊어야 하는 번거로움도 없고 관광지들도 더 저렴하게 방문할 수 있는 마법의 기차표야. 구매도 인터넷으로 간편하게 할 수 있으니 유럽 곳곳을 구석구석 돌아볼 계획이라면 유레일패스를 미리 사두는 게 좋단다.

02 독일
통일의 기초가 된 철도

독일은 1871년이 되어서야 비로소 하나의 모습을 이루었어.
이전에는 39개의 크고 작은 나라로 흩어져 있었거든. 그 때문일까?
독일은 유럽의 중심에 있지만 영국이나 프랑스보다 산업화가 늦었어.
영국이 산업 혁명으로 한창 철로를 놓던 1830~1840년 즈음
독일은 농업 중심의 국가였단다. 무역 강대국인 현재 독일을 생각하면 의외의 사실이지.
독일 지역의 수많은 나라 중 가장 힘이 센 나라는 북부의 프로이센이었어.

훗날 통일을 하여 독일 제국을 선포하지. 프로이센은 흩어져 있는 나라가
하나가 되면 더욱 강력한 힘을 발휘할 거라 생각했어.
보통 '통일' 하면 전쟁을 떠올리지만 프로이센은 달랐어. 철도야말로
나라 간의 국경을 허물어뜨릴 힘을 가졌다고 여겼거든.
철도가 바탕이 되어야만 통일이 수월하게 이루어질 거라고 믿었단다.

독일

철도와 독일 통일

19세기 초 프로이센은 39개의 독일 연방 중에서 영토가 가장 넓었어. 하지만 전쟁에 대한 두려움은 끊이질 않았지. 주변의 나라들이 힘을 합해 공격해 오면 승리를 장담할 수 없었거든. 그 때문에 프로이센은 힘을 키워 영토를 넓히려 했어. 프로이센을 중심으로 주변국을 통일하는 것, 그것이야말로 유럽의 평화를 지키는 길이라 생각한 거지.

통일을 위해 효율적인 교통수단이 필요해…

프로이센이 원한 힘이라는 것은 군사적인 면만 말한 것은 아니었어. 경제적인 면까지 포함한 것이었지. 튼튼한 경제력이야말로 나라를 일으키기 위한 기본이라고 생각했던 거야.

프로이센은 어떻게 경제적인 힘을 키울 수 있을까 고민했어. 그 방법 중 하나는 산업 성장에 온 힘을 기울이는 것이었어. 그 때문에 프로이센은 산업화를 이루는 데 많은 지원과 나랏돈을 쏟아 부었단다. 거기에는 철도 건설도 포함되어 있었어. 프로이센은 철도를 통해 주변 여러 나라들을 하나의 국가로 만들고 싶었던 거야. 그 당시, 문학가이자 정치가로 명성을 떨쳤던 괴테는 이렇게 말했어.

"통일을 이루려면 효율적인 교통수단의 개발이 꼭 필요합니다."

효율적인 교통수단이란 무얼 말하는 걸까? 당시 프로이센의 주요 교통 및 운송 수단은 마차였어. 그래, 우리가 생각하듯 마차는 속도와 수송량 면에서 한계가 있었지. 시대적 상황을 생각할 때 효율적인 교통수단이란 아마 기차라는 것을 짐작할 수 있을 거야. 모든 면에서 월등하게 마차보다 나으니까 말이야. 기차는 앞서 말했던 경제적 힘을 키울 수 있는 중요한 수단이었던 거지.

얼핏 기차와 통일은 영역이 달라 관계가 없어 보일 수도 있어. 하지만 잘 생각해 보렴. 기차가 오가는 횟수가 많아지면 국가 간의 담이 낮아지는 효과를 낼 수 있단다. 훗날 프로이센을 출발해서 사방으로 뻗어 나간 기차는 국내를 넘어 주변 나라에까지 영향을 미치게 되었지.

독일

국경의 문턱을 낮춘 독일 철도

독일 최초의 철도 길이는 10km도 채 되지 않았어. '루트비히 철도'인데 당시 남부 바이에른 왕국의 왕 루트비히 1세의 이름을 따서 지은 거야. 대부분 국가의 첫 번째 열차가 그렇듯 이 열차도 운행을 시작하자마자

큰 인기를 끌었어. 1년 뒤에는 하루에 1천 명 정도 이용했다고 하니 대단하지?

 최초의 철도를 놓은 것은 아니지만 독일 철도를 이야기할 때 '프리드리히 리스트'라는 사람을 빼고는 말할 수 없어. 그만큼 큰 영향을 끼쳤기 때문이야. 그는 철도야말로 나라에 전반적으로 영향을 끼칠 수 있으리라 생각했어. 프로이센의 경제 발전을 위해 철도를 꼭 놓아야 한다고 주장했지.

 리스트가 남긴 책 중 도시 철도에 대한 구상을 기록한 책이 있어. 그 책에 나온 19세기 리스트의 철도 구상이 21세기 현재의 것과 매우 비슷하다는 것을 알 수 있지. 정말 놀랍지 않니? 그의 사물을 꿰뚫어 보는 통찰력과 안목이 대단하지.

 리스트는 수도에서 국경 도시로 뻗어 나가는 노선을 구상했어. 프로이센과 오스트리아 사이에 끼어 있는 작센을 눈여겨보았지. 석탄과 같은 광물 운송이 잦은 작센에서 철도는 매우 유용하면서 꼭 필요한 수단이었거든. 무엇보다 두 강국 사이에 있어 전략적으로 중요하게 여겼던 거지.

 결국 리스트는 자신의 계획을 실행에 옮겼어. 독일 최초의 간선 철도를 놓은 거야. 간선 철도는 원줄기가 되는 주요 철도를 말해. 이 노선은 수송량이 많아 효율이 매우 뛰어났어. 그야말로 철도의 중심 역할을 제대로 한 거야. 리스트가 예측한 대로 작센은 철도 덕을 크게 보았어. 수송량은 늘어난 반면 운송 비용은 줄어들어 획기적이었지.

독일

"광물을 더 많이 실어 나르다 보니 산업이 활발해졌소. 이제 곳곳에 철도 열풍이 불기 시작할 테니 두고 보시오."

리스트의 말대로 주변 작은 나라에서도 철도의 중요성을 깨닫기 시작했어. 각국으로 선로가 쭉쭉 뻗어 나갔지. 그리하여 1850년대 독일에 놓인 철도는 약 6,400 km에 이르게 되었어. 이는 먼저 철도가 놓인 영국을 넘어선 길이라고 하니 대단하지.

간선 철도를 중심으로 국경을 넘어 수많은 물건이 오갔어. 그렇게 무역이 활발해지면서 관세를 통일하자는 의견이 나왔지. 관세란 수출과 수입하는 물품에 붙이는 세금을 말해. 관세 통일은 나라 간 거래를 더욱 활발하게 하는 효과를 주었어.

철도로 지역을 넘나들수록, 국가 간에 물건과 사람이 자주 오갈수록 국경의 의미가 희미해지게 된 거야.

"여러 나라의 관세가 통일이 되니 장사하기 훨씬 좋아졌어요."

"기차로 국경선을 넘는 게 아니라 마치 한 나라 안에서 이동하는 것 같군요."

맞아. 철도로 인한 관세의 통일은 영토를 합치기 이전에 경제적 통일을 이루는 효과를 낸 거야. 크고 작은 여러 국가로 뻗어 나간 철도 노선이 바로 통일을 향한 첫걸음, 독일 제국의 기초가 된 셈이지.

프로이센의
통일과 세계대전 속 철도

철도로 경제적 통일을 이룬 프로이센은 국가 간 통일을 향해 나아갔어. '독일 통일' 하면 비스마르크 재상을 빼놓고 이야기할 수 없지. 비스마르크는 독일 통일의 도구로 철도를 이용한 정치인이야. 그는 정치에서뿐만 아니라 전쟁에서도 철도를 어떻게 활용할 것인지 잘 알고 있었어.

유럽에서 처음으로 전쟁에 철도를 이용한 건 1867년 프로이센-오스트리아 전쟁에서란다. 프로이센 군사의 수는 오스트리아의 절반에도 못 미쳤어. 하지만 전쟁은 7주 만에 프로이센의 승리로 끝이 났지. 프로이센은 효과적인 운송 수단인 철도를 활용해 재빠르게 병력을 이동했거든. 군대를 세 곳으로 나누어 공격한 거야. 승리를 자신하며 안심하던 오스트리아 군대는 갑자기 나타난 프로이센 군대를 당해낼 수 없었단다.

"도대체 프로이센 군사들이 어떻게 자꾸 나타나는 거야!"

오스트리아 군대는 당황하여 허둥지둥했어.

프로이센은 철도를 이용해 뒤져 있던 전력을 뒤집을 수 있었던 거야. 철도가 없었다면 오스트리아보다 군사 수가 훨씬 적은 프로이센이 과연 승리할 수 있었을까? 전쟁에 철도를 이용한다는 것이 생소한 유럽에서 많은 나라가 철도의 중요성을 실감했단다.

승리를 맛본 프로이센은 1870년 프로이센-프랑스와의 전쟁에서도

독일

　철도를 적극적으로 활용했어. 전쟁에 대비해 철도 운영을 계획하고 훈련했지. 프로이센은 50만 이상의 병력과 15만여 마리의 말을 국경으로 보냈어. 프랑스의 군대는 막강했지만 철도를 이용해 조직적으로 병력을 이동시킨 프로이센을 당해낼 수 없었지. 결국 프로이센은 전투에서 승리했고 1871년 프랑스 베르사유에서 독일 제국을 선포했어. 수십 개로 흩어져 있던 작은 나라들이 비로소 하나가 된 거야.

　철도를 통해 독일 제국을 이룬 비스마르크는 거기에서 멈추지 않았어. 나라마다 흩어져 있던 철도를 하나로 묶어 국가가 관리해야 한다고 생각했어. 그것이야말로 독일을 진짜 강국으로 만들어 줄 것으로 생각한 거야. 철도를 국가가 관리하면서 1850년 이후 독일의 철도망은 세 배나 늘어났어. 그에 따라 석탄 생산량과 운송량이 늘어났지. 그뿐만 아니라 철강과 기계 공업 등 철도와 관련된 산업도 발달했어. 비스마르크가 예상했던 대로 철도는 독일의 산업화와 경제 성장을 이끄는 견인차 역할을 했단다.

　그 후 독일은 두 차례의 세계대전을 일으켰어. 애초에 철도를 통해 강한 나라와 유럽의 평화를 꿈꾸었던 프리드리히 리스트와 비스마르크의 그림과는 다른 모습이었지. 유럽의 평화는 찾아볼 수 없었으니까.

　앞서 전쟁에서 활용되었던 것처럼 철도는 세계대전에서도 백배의 역할을 했어. 철도는 무기가 필요할 때마다, 군대가 진격할 때마다 군사 용품을 꾸준히 실어 날랐어.

　2차 세계대전 이후 분단과 통일을 거쳐 독일은 현재 세계 강국으로 우뚝 서게 되었단다. 물론 그 중심에 철도가 있었지. 철도는 전쟁으로 수많은 이의 목숨을 앗아갔지만, 반대로 수많은 독일인을 전쟁의 폐허에서 다시 설 수 있게 도왔단다.

　동과 서로 나누어졌던 독일이 통일 후 가장 먼저 한 것은 끊어졌던 교통망을 잇는 일이었어. 지도자들은 목소리를 한데 모았지.

🇩🇪 독일

"철도로 다시 한 번 독일을 하나로 만들어야 합니다. 분단되었던 동과 서를 이어야 해요."

과거 철도의 중요성을 알고 있는 독일로서는 당연한 선택이었지. 독일은 동서남북으로 철도를 연결하면서 유럽 전역으로 뻗어 나갔어. 사람과 물자가 모여들면서 수송량이 늘었고 경제가 활발해졌지. 이러한 과정을 거쳐 독일은 유럽에서 교통, 물류의 중심지로 자리 잡게 되었단다. 독일 성장의 원동력은 다름 아닌 철도였던 셈이야.

흩어진 독일을 통일하려면 철도가 있어야 한다고 생각했던 프리드리히 리스트, 철도야말로 독일과 유럽 평화를 지키는 수단이라고 말했던 비스마르크, 그들의 공통점은 '철도'를 경제, 통일의 수단으로써 활용했다는 거야.

결국 독일은 철도로 세워진 나라, 철도로 통일에 이르게 된 나라라 해도 지나치지 않아. 미국과 중국, 일본에 이어 세계 4위를 차지한 경제 대국 독일의 바탕에는 철도가 있다는 거지.

독일

더 알아보아요

• 독일 연방과 프로이센 그리고 독일

독일 연방, 프로이센, 독일은 비슷하지만 조금씩 다르단다. 지금의 독일은 당시에 존재하지 않았거든. 독일 연방은 프로이센, 오스트리아, 바이에른 등 서른 개가 넘는 여러 나라로 이루어져 있었어. 그 중 가장 영향력이 큰 나라가 프로이센이었지. 프로이센은 통일을 위해 오스트리아, 프랑스와의 전쟁을 치렀어. 두 나라는 프로이센의 통일을 바라지 않았거든. 두 차례의 전쟁에서 프로이센이 승리했고 마침내 통일을 하게 되었지. 그것이 바로 지금의 독일이야.

독일 제국을 이룬 비스마르크

독일 제국 선포식 (1871년 베르사유 궁전)

• 죽음의 열차

독일은 2차 세계대전 당시 폴란드를 점령한 후 수용소를 만들었어. 수용소는 대부분 철도가 놓여 있는 곳 주변에 세워졌어. 그러고는 기차로 유대인들을 날랐지. 그들이 탔던 기차는 편안함과는 거리가 먼 화물을 싣는 열차였어. 작은 창문이 두 개 있을 뿐이어서 제대로 빛이 들어오거나 바람이 통할 리 없었지. 화물 열차 안은 여름에는 찜통같이 더웠고 겨울에는 얼음이 얼 정도로 추웠어.

화물 열차 한 칸에 백 명이 넘는 유대인이 올랐어. 그들은 도착할 때까지 음

화물 열차에 태워져 수용소로 끌려가는 유대인들

독일

아우슈비츠 수용소로 향하는 철도

식이나 위생 시설 없이 버텨야 했단다. 이런 열악한 환경 때문에 수용소에 도착하기 전에 숨진 사람이 많았어. 살아서 수용소에 도착해도 그들은 인간 이하의 대접을 받으면서 죽음의 수용소로 걸어가야만 했지. 철도는 인류의 생활에 획기적인 변화를 가져다주었지만 역사상 가장 잔인한 학살에 동원되었다는 오명을 얻게 되었단다.

• 독일의 초고속 열차 ICE(이체)

ICE는 도시 사이를 달리는 급행열차를 의미하는 인터 시티 익스프레스(Inter City Express)의 약자야. 최고 속도는 시속 350km이며 평균 시속 300km 이상으로 달리지. 1991년 6월 첫 운행을 시작한 뒤로 독일 전역과 스위스, 오스트리아, 벨기에 등 이웃한 국가의 도시를 오가고 있어. 독일은 지형의 특성상 철로의 길이가 직선 20km를 넘는 곳이 드물거든. 기술이 부족하면 쉽게 사고가 날 수도 있겠지만 독일은 달랐어. 유럽 철도의 자존심이라 불릴 만큼 안전을 최우선으로 하여 설계했지. 속도에서도 마찬가지야. 최고 속도는 프랑스의 테제베(TGV)에 조금 뒤지지만 평균 속도는 유럽 최고라고 자부하고 있단다.

독일의 초고속 열차인 ICE(이체)

03 미국의 동서남북을 이어 준 철도

미국은 동서로 길고, 국토의 크기도 한반도의 약 45배나 되는 굉장히 넓은 나라야.
50개의 주로 이루어져 있지. 인구는 중국, 인도에 이어 세계 3위이며
세계 경제를 움직일 만한 힘을 가진 강국이야.
광대한 땅과 풍부한 자원, 수많은 노동력을 갖춘 미국이지만
한때는 13개 주로 이루어진 영국의 식민지에 불과했단다.
그런 미국이 어떻게 지금의 모습을 갖추게 된 걸까?
조금만 들여다보면 성장의 밑바탕에 철도가 있었음을 알 수 있단다.
미국의 동서가 철도로 연결되면서 산업은 활기를 띠었고, 그에 따라 경제가
성장할 수밖에 없었던 거야. 미국은 철도를 통해 마침내 하나가 되었고,
더 강한 나라가 될 수 있는 발판을 마련하게 된 거란다.

미국

철도가 놓이기 시작한 북부

초기 미국은 동부 연안에 몰려 있는 13개 주를 중심으로 발전이 이루어졌어. 넓디넓은 땅에서 당시 교통수단은 마차와 배가 전부였지. 마차는 말이 견딜 수 있는 적당한 양의 짐만 실어야 했어. 그리고 도로 사정이 좋지 않아 고장이라도 나면 다시 출발하기까지 한참이 걸렸지.

배는 많은 양을 실을 순 있었지만, 운하라는 인공 뱃길로 다녀야 했어. 하지만 운하가 곳곳에 갖추어져 있는 것이 아니었거든. 그 때문에 목적지까지 가려면 멀리 돌아가야 하는 경우가 많았단다. 겨울에는 추운 날씨로 인해 운하가 얼어버리기 일쑤였기에 더욱 힘들었지.

철도는 마차와 운하의 단점을 보완해 주는 최고의 교통수단이었단다. 무엇이든 더 많이, 더 빨리 나를 수 있었으니까.

미국의 초기 철도는 대부분 항구와 생산지를 연결해 주었어. 중서부 지역의 상품을 북동부까지 가져오는 데에 운하보다 철도가 훨씬 효율적이었지. 배를 타면 하루가 걸리는데, 철도는 몇 시간 만에 갈 수 있었으니 말이야.

대표적으로 볼티모어-오하이오 철도가 있어. 볼티모어는 북동부 지역에 있는 도시이고, 오하이오는 중동부 지역에 있지. 두 도시를 연결한 것이 미국 최초의 철도란다. 초기에는 20km도 채 안 되는 구간이었으나 오하이오까지 점차 연장하여 600km가 넘는 장거리 노선이 되었단다.

 그 뒤로 동부 연안 곳곳에 철도가 놓이기 시작했어. 이렇게 철도가 성장한 가장 큰 이유는 북부 지역 사람들의 바람 때문이었어. 뉴욕, 보스턴, 볼티모어 같은 북동부 연안 도시들은 중서부 도시의 풍부한 광물과 농산물을 얻고 싶었던 거지.
 "우리 지역에 철도가 놓이면 물건도, 사람도 모여들 거예요. 지역 경제가 좋아지면 우리는 더 잘살게 되겠지요!"
 하지만 장거리 철로를 놓는 것은 시간도 오래 걸렸음은 물론이고, 쉬운 일이 아니었어. 그러나 철도에 대한 열망이 컸던 북부는 운하와 철도를 연결하는 등 효율적인 노선을 고민했지. 덕분에 볼티모어-오하이오 철도

 미국

와 같이 도시와 도시를 잇고 쭉쭉 뻗어 나가는 철도가 생겼어. 장거리 노선이 하나둘 늘어나기 시작한 거야.

이런 까닭에 북부의 철도는 점점 발전할 수 있었어. 북부 철도의 발달은 미국을 거대한 나라가 되게끔 하는 데 결정적인 역할을 했단다.

남북전쟁의 승리를 이끈 미국 철도

미국의 북부와 남부는 생활 환경이 뚜렷하게 달랐어. 북부는 산업 혁명을 겪은 곳으로 공장과 기업이 경제의 주를 이루었어. 도시를 이루고 발전시키는 데 있어 노동자들이 중요한 역할을 했지.

반면 남부는 면화나 사탕수수, 담배 등을 재배하는 대농장 운영이 경제의 중심이었어. 당연히 일손이 많이 필요했고, 그 때문에 노예제도가 꼭 유지되어야 했지.

남부에서도 철도를 놓으려는 움직임이 있었어. 하지만 번번이 잘 안 되었고, 이는 남부의 성장 속도를 늦추는 결과를 낳았지. 전체적으로 북부는 공업, 남부는 농업 중심의 생활 환경을 띠게 된 거야. 그러면서 북부가 남부보다 앞서 발전하기 시작했어. 이것이 훗날 남북전쟁에까지 영향을 미치게 된 거란다.

북와 남부의 차이에서 오는 갈등, 지역 간의 경제력 차이는 점점 벌어져만 갔어. 결국 1861년 남북전쟁이 시작되었어. 전쟁 초기에는 남부가 우세했어. 하지만 전쟁이 길어지면서 상황이 바뀌게 되었지. 전쟁 물자를 더 많이 옮기고 군대를 신속히 이동시키는 것이 승패의 갈림길이 되었거든.

그래, 전쟁에서 가장 중요한 것 중 하나가 필요한 물품을 제때, 제대로 공급하는 거야. 철도는 이 문제를 확실히 해결해 줄 수 있었어. 남부군보다 북부군은 철도 시설을 월등하게 갖추고 있었단다.

"철도를 이용하면 남부군보다 빨리 움직일 수 있습니다. 무엇보다 걸어서 이동하는 것이 아니니 아군의 체력 유지에도 큰 도움이 되고요."

북부군은 철도의 장점을 잘 파악하고 있었지. 철도를 전략적으로 이용한 거야. 미국 철도망의 70%를 갖고 있었고, 선로도 남부군보다 두 배 이상 길었지. 북부군은 이를 백배 활용했어. 목적지까지 가기 위해 필요하다면 전쟁 중에도 철도 노선을 이었고, 군용 철도망을 새로 만들었어.

그런가 하면 밤이면 남부군의 선로를 파괴했지. 물론 남부군도 마찬가지였어. 아군의 철도를 얼마나 활용하고 지키느냐, 적군의 선로를 얼마나 많이 파괴하느냐는 전쟁의 승패가 달린 중요한 문제였지.

철도는 전쟁의 형태를 바꾸어 놓았어. 이전의 전쟁에서는 용맹하게 앞장서 상대편의 영토를 점령하는 방식이었다면 미국의 남북전쟁에서는 적군이 가진 것을 쓸 수 없게 만들어 전투력을 잃게 만드는 식이었어.

"두 시간 안에 파괴된 우리 선로를 복구해야 한다! 많은 선로를 차지하는

쪽이 승리할 것이다!"

전시 상황에서 북부군은 발 빠른 움직임으로 승리에 바짝 다가갔지.

북부군의 사령관이었던 셔먼 장군은 남부 사람들에게 악명 높았어. 그는 철저하게 남부의 모든 것을 파괴하려 했거든. 그는 '철도를 이용해 적의 수행 능력을 끊는다.'는 전략을 세웠지. 실제로 남부에는 북부보다 철도가 많지 않았기에 제압하기 어렵지 않았어.

"철도를 폭파해라. 다시는 이용할 수 없게 해야 한다!"

셔먼 장군은 조금의 여지도

남기지 않았어. 목화농장, 목장, 전기 시설 등 모든 것을 파괴했어. 특히 철도는 남부군이 복구할 수 없게 열을 가해 선로를 비비 꼬아 두기까지 했어. 남부 사람들은 이를 '셔먼의 넥타이'라며 빈정거렸어. 그들은 철저히 파괴된 남부의 모습에 분노했지.

이처럼 철도는 전쟁에서 새로운 수단으로 무기 그 이상의 역할을 해냈어. 북부군의 승리는 철도 덕분이라 해도 지나치지 않아. 물자 및 병력 수송 시에 시간과 비용을 줄이는 데 큰 역할을 했으니 말이야.

당시 미국의 대통령 링컨도 철도의 이런 이점을 꿰뚫어 보았어. 철도야말로 큰 영향력을 발휘할 수 있는 효율적인 교통수단이라고 생각했지. 전쟁을 치르면서 철도의 중요성에 대한 링컨의 생각은 더욱 확고해졌단다.

 미국

"철도야말로 분열된 미국을 하나로 만들어 줄 걸세."

그리하여 많은 사람이 바라왔으나 생각에만 머물렀던 대륙 횡단 철도 건설을 드디어 실행에 옮기게 된 거야. 그것도 전쟁 중에 말이야. 그가 철도를 얼마나 중요하게 여겼는지 짐작할 만하지.

결국 남북전쟁은 북부군의 승리로 끝이 났고 그 결과 노예제가 폐지되었어. 이로써 미국은 역사상 최초의 노예 해방 국가로 재탄생하게 되었지.

철도는 미국이 물리적으로나 정신적으로나 강력한 국가를 만드는 데 큰 기반이 되었단다. 그러나 미국의 발전에 철도가 영향력을 발휘한 건 이게 끝이 아니었어.

미국을 발전시킨 대륙 횡단 열차

미국의 남북을 통일한 철도는 이제 동서를 하나로 만들기 시작했어. 남북전쟁 때 철도의 위력을 실감한 미국인들은 이제 동서를 더욱더 가깝게 만들기 위해 발 벗고 나섰지. 남북에 이어 동서가 이어지면 더 큰 나라가 될 수 있다는 것을 알았기 때문이야.

상공업 위주의 북부와 농업 위주의 남부, 광활한 자연 자원을 갖고 있던 서부 지역이 만나면 더 많은 가능성과 기회가 있을 거라 생각한 거야. 더 위대한 미국을 만들기 위한 첫걸음이랄까?

"두고 보게. 미국에 탄탄대로가 놓이게 될 걸세!"

이런 바람을 안고 대륙 횡단 철도 작업이 시작되었어.

하지만 서부에 철도를 놓는 건 생각보다 어려웠어. 누구도 선뜻 나서기 힘든 일이었지. 단단한 화강암투성이의 산맥을 넘어야 했거든. 산을 깎고 철도를 만들기 위해 높은 곳까지 자갈과 레일, 침목을 운반했고, 선로를 놓기 위해 화약을 터뜨렸지. 그 과정에서 다치거나 죽은 노동자들이 너무 많아서 셀 수가 없을 정도였어.

마침내 1869년 동쪽을 향하던 철도와 서쪽을 향하던 철도가 한 곳에서 만났어. 남북전쟁으로 상처받은 미국을 하나로 이어 주는 감동적인 순간이었지.

사람들은 미국 역사상 길이 남을 것이라며 축포를 터뜨렸지.

"우리의 철도를 위하여!"

"대륙 횡단 철도로 넓은 미국이 하나가 된 것이나 마찬가지예요."

이제는 동쪽 끝의 뉴욕에서 서쪽 끝의 샌프란시스코까지 단 7일이면 갈 수 있게 된 거야. 철도는 사람들의 생활에도 두루두루 영향을 미쳤어. 이웃 도시로 빠르게 갈 수 있었고, 더 나아가 먼 거리 여행도 할 수 있었지. 대륙 횡단 철도가 놓인 이후에도 철도는 꾸준히 늘어났어.

"철도 덕분에 오렌지를 자주 먹을 수 있어 좋군요."

그래, 사람들은 계절이나 장소의 영향을 덜 받고 원하는 농산물을 먹을 수 있게 되었어. 지방의 생산자에게는 바깥으로 나아갈 기회가 되었고

뉴욕에서 샌프란시스코까지 7일밖에 안걸리잖아

도시 소비자는 질 높은 식생활을 할 수 있게 되었지. 양쪽 모두에게 좋은 일이었어. 사람들은 재미있게도 철도가 운반하는 물품에 따라 철도 노선에 별명을 붙여 주었어. 완두콩 노선, 콩과 양파 노선 등과 같이 말이야.

기업은 철도망을 활용할수록 더 큰 이익을 보았어. 덕분에 공장과 기업이 많은 동부의 도시들은 빠르게 성장했어. 또 서부로 이주를 원하는 사람들을 짧은 기간 안에 실어 나르고, 상품과 천연자원의 운송비를 크게 줄이게 되면서 나라 전체의 상업과 산업도 살아나고 경제가 좋아졌지.

이제 집에서도 오렌지 주스를 먹을수 있네

맛있다~

　그뿐만이 아니야. 미국산 철강으로 선로를 놓았으니 철강 산업이 엄청나게 발전한 거야. 이와 관련해 자금을 모으고 기업을 합병하는 과정에서 금융업도 활기를 띠었지. 철도는 직업에도 영향을 미쳤는데, 사람들이 '전문직'이라는 개념을 갖게 되었어. 공학 기술, 법률, 회계, 측량 등의 분야가 전문화되어야 한다는 필요성을 느끼게 된 거지.

　이처럼 철도는 운송 수단을 넘어 미국 사회가 발전할 수 있도록, 곳곳으로 뻗어 나간 혈관과 같은 역할을 했단다. 철도로 인해 얻게 된 이점들이 지금의 미국을 만드는 밑바탕이 된 것이지. 오늘도 철도는 막대한 양의 물자를 수송하며 미국 경제 성장의 한 부분을 차지하고 있어.

　그래서 한 역사가는 이런 말을 했어.
　"철도는 미국 역사의 거의 모든 주요한 부분에서 결정적인 역할을 했다."

미국

더 알아보아요

• 철도로 거머쥔 부로 세운 스탠퍼드 대학교

스탠퍼드 대학교 캠퍼스 건물

대륙 횡단 철도는 두 회사의 합작품이었어. 릴랜드 스탠퍼드는 서쪽에서 철도를 놓기 시작한 철도 회사의 사장이었지. 당시 대륙 횡단 철도 사업에 뛰어든 사람들은 엄청난 부를 거머쥐었거든. 릴랜드 스탠퍼드도 예외는 아니었어. 그런 그에게 큰 슬픔이 닥쳤어. 이탈리아 여행 중에 아들이 병에 걸려 죽고 만 거야. 너무나 갑작스러운 일이었지. 아들의 나이 불과 열다섯 살이었거든. 미국으로 돌아온 스탠퍼드는 아들을 생각하며 대학을 세웠어. 릴랜드 스탠퍼드 주니어 대학, 이것이 바로 오늘날 서부 명문인 스탠퍼드 대학교야. 대륙 횡단 철도로 얻은 막대한 부를 사회에 환원한 셈이지. 그의 훌륭한 뜻을 기리며, 스탠퍼드 대학교 캠퍼스 안에는 스탠퍼드 일가의 동상이 세워져 있단다.

스탠퍼드 일가 동상

• 미국 대륙 횡단 열차를 탄 최초의 한국인은 유길준

유길준은 한국인 최초로 미국의 대륙 횡단 열차를 탄 사람이야. 그는 대한 제국에서 미국으로 보낸 외교 사절단인 보빙사 단원 중 한 사람이었어. 보빙사는 1883년 인천에서 출발해 도쿄를 거쳐 샌프란시스코에 도착했어. 유길준은 미국 서부의 샌프란시스코에서 출발해 동부의 워싱턴까지 대륙 횡단 열차를

유길준

탔단다. 높은 산을 오르내리는 철마를 보며 유길준은 어떤 생각을 했을까? 그는 철도를 통해 기차가 짧은 시간 안에 수십 리를 가는 것이 마치 축지법을 쓰는 것 같아 충격을 금할 수 없다고 했어. 유길준은 자신이 방문한 나라들의 정보와 자료를 모으고 기록했는데, 그 기행문이 1895년 《서유견문》이라는 책으로 발행되었지. 유길준은 이 책에 대륙 횡단 철도와 객차의 시설에 대해 자신이 보고 느낀 것을 자세히 적어 두었단다.

기차를 처음 보고 놀라는 유길준

미국

하인 라인 파크 전경

하이 라인 파크를 찾은 여행객들

• 버려진 철도의 변신, 뉴욕의 '하이 라인 파크'

1930년대, 뉴욕에 길이 2.5km, 지상 9m 높이의 철길이 있었어. 주로 화물 열차가 다녔지. 하지만 고속도로가 놓인 뒤 화물차에 밀려 열차는 점점 운행 횟수가 줄어들었어. 결국 1980년대 이후로 20년 넘게 방치되기에 이르렀어. 버려진 철도는 도시의 골칫거리였지.

1999년 새로 취임한 시장과 시민 단체가 도시의 흉물이 된 철도를 두고 많이 고민했어. 수많은 의견이 오간 끝에 철거 위기에 놓인 철도는 시민들의 휴식 공간으로 탈바꿈하게 되었지. 철도가 운행되던 시절의 모습을 최대한 유지하면서 주변과 어울리는 도심 속 녹색 공원으로 만든 거야. 이것이 바로 뉴욕의 하이 라인 파크란다. 뉴욕에 가면 누구나 한번쯤 들르는 관광 명소지. 지금은 뉴욕 시민뿐 아니라 여행객들도 즐겨 찾는 곳으로 떠올랐어.

• 오늘날 미국 철도의 모습

미국 발전의 초석이 되었던 철도의 인기는 계속되지 않았어. 자동차와 비행기에 밀려 시들해졌거든. 사람들은 주로 자동차를, 더 먼 거리는 비행기를 이용했지. 자동차와 비행기 사이에서 철도의 이용은 점점 줄어들 수밖에 없었어. 현재 미국 철도에서 1800년대 황금기의 모습을 찾아보기는 힘들단다.

대신 그 명성을 화물 철도가 이어가고 있어. 미국 화물 철도는 수송량이 세계 1위야. 줄줄이 연결된 미국의 화물 철도를 보면 일단 크기와 길이에서 입이 떡 벌어지지. 너무 길어서 마일(1.6km) 단위로 세기 때문에 '마일 트레인(mile train)'이라고 불린단다. 100량 이상의 마일 트레인에 2단으로 싣기도 한다니 정말 어마어마하지. 화물 열차는 엄청난 무게 때문에 속도보다 양에 중점을 두고 운행되고 있어. 매일매일 묵묵히 달리며 미국 경제의 기반을 이루고 있단다.

미국 대륙을 횡단하는 마일 트레인

04
세계에서 가장 긴
러시아 시베리아 횡단 철도

세계에서 가장 긴 철도는 어디에 있을까.
철도에 대해 잘 모르더라도 러시아 '시베리아 횡단 열차'는 들어본 적 있을 거야.
그 열차가 달리는 철도 길이만 해도 9,000km가 훌쩍 넘는데, 지구 둘레의
4분의 1 정도라고 하니 실감이 잘 나지 않지? 7박 8일 동안 850여 개 기차역을 지나는
열차 여행 코스도 있을 정도야. 모스크바에서 블라디보스토크까지
이어진 시베리아 횡단 철도로 러시아는 머나먼 땅 시베리아를 발전시킬 수 있었어.

러시아

세계에서 가장 긴 철도를 계획하다

러시아가 처음부터 세계에서 가장 긴 철도를 만들 수 있었던 건 아니란다. 오히려 철도 건설 시작은 다른 유럽 나라들보다 늦은 편이었지. 철도가 생기기 전까지 러시아 사람들은 거의 썰매를 타고 움직였거든. 러시아는 매우 춥기 때문에 꽁꽁 얼어붙어 있는 얼음 강 위로 말이 끄는 썰매를 타고 다녔어. 일 년 중 따뜻한 기간만 강이 녹아 배가 뜰 수 있었지.

그러다 마침내 러시아에도 첫 철도가 생겼어. 당시 수도였던 상트페테르부르크와 파블로프스크의 황궁을 연결하는 노선이었지. 23km밖에 안 됐지만, 다른 유럽 나라들에 비해 일찍 만들어진 철도였지. 하지만 다른 유럽 나라들처럼 철도 선로를 더 연결하지는 못했어. 당시 황제였던 니콜라이 1세가 열차 안을 모두 조사하게 했기 때문이란다. 승객들은 열차에 오를 때마다 경찰 조사를 받아야 했고 여행 허가증도 있어야 했어. 많은 사람이 이용하기는 힘든 철도였던 거지.

시베리아 횡단 철도 이야기가 처음 나온 건 그 후의 일이야. 19세기 중반, 미국인들이 먼저 낸 아이디어였단다. 하지만 이때는 아직 계획 수준에 머물렀다고 해. 러시아 황실 재정이 좋지 않아서 쉽게 결정하지 못했던 거야. 그러다가 19세기 후반에 들어서야 다시 시베리아 철도 건설 이야기가 나오게 됐어.

"시베리아의 풍부한 천연자원을 수레나 마차로만 실어 나르기에는 여러 가지로 불편하고 부족한 것 같아요."

"시베리아에도 철도 건설이 필요합니다. 다른 나라들을 보세요. 캐나다 횡단 철도 건설사업도 한창 진행 중이고 미국은 이미 1869년에 완성했다고 합니다."

이 당시 시베리아에는 강을 따라 수로나 도로가 있었고 그 주변에 사람들이 조금씩 모여 살고 있었단다. 하지만 대부분이 그곳에서 터를 잡고 살아가는 주민이라기보다는 국가에서 지역을 지키고 도로를 관리하기 위해 고용한 사람들이었지.

"시베리아는 살기 힘든 곳이야. 날씨도 너무 춥고 먹을 것도 없다고.

러시아

채소는 다 시들었고 고기는 상해 버렸어."

"어디 그뿐인가요. 신선한 버터도, 우유도 구하기 힘들어요. 술집만 많고 땅은 척박하죠. 교통수단도 너무 부족하고요."

시베리아는 겨울이면 영하 60도를 넘나드는 정말 추운 곳이기 때문에 살기가 쉽지 않았어. 오래전부터 범죄자들이 추방당해서 모여 사는 곳이기도 했단다. 범죄자들은 시베리아를 탈출하려고도 했고 얼마 없는 선량한 이웃 주민들을 괴롭히기도 했지. 러시아는 넓은 시베리아 땅을 이대로 외딴 섬처럼 내버려 둘 수만은 없는 노릇이었어.

1886년 모스크바에서 출발한 철도가 우랄까지 연결되면서 시베리아 지역 철도에 관한 이야기는 더 구체적으로 진행됐단다. 하지만 여전히 철도가 꼭 필요하다는 사람들과 건설에 필요한 돈이 부족하다는 입장이 팽팽했지. 결국 10여 년이 지나서야 시베리아 횡단 철도는 첫 삽을 뜨게 됐어. 당시 왕이었던 알렉산드로 3세가 시베리아 횡단 철도 건설을 하겠다고 선언한 거야.

"우리나라는 땅이 너무 커서 뿔뿔이 흩어져 살고 있소. 시베리아 횡단 철도가 생긴다면 하나로 강력하게 묶을 수 있을 것이오!"

시베리아에 횡단 철도를 건설하겠다는 건 단순히 철도를 더 길게 연결하는 것 이상의 의미가 있었던 거야.

알렉산드로 3세는 후에 니콜라이 2세에게 시베리아 횡단 철도 건설 사업을 넘겨줬어. 혹시 아나스타샤 공주라는 이름 들어본 적 있니? 소설 주인공으로도 많이 나오는 러시아의 마지막 공주 아나스탸샤의 아버지가 바로 니콜라이 2세야. 니콜라이 2세는 횡단 철도 착공식부터 시베리아 철도 건설 전체를 담당했어.

블라디보스토크 기차역 안에 들어가면 '시베리아 9,288km'라는 글귀가 적힌 기념탑이 있어. 블라디보스토크에서 모스크바까지의 철로 길이를 알려 주는 거란다. 기념탑이 세워진 그곳이 바로 니콜라이 2세가 철도 기공식을 주관한 곳이란다. 세계에서 가장 긴 철도의 시작이었지.

시베리아 횡단 철도 건설 총책임은 세르게이 비테라는 재무장관이 맡았어. 건설 계획을 세우는 일에서부터 필요한 돈을 가져오는 일까지 그의 손을 거치지 않은 부분이 없었단다.

"시베리아 횡단 철도를 만들면 중국에도 진출할 수 있고 시베리아의 풍부한 자원을 다른 나라로 수출할 수 있을 겁니다!"

비테는 철도 건설을 적극적으로 주장하면서 아주 야심 찬 계획을 세웠는데 세계에서 가장 긴 철도를 1년 반 안에 완성하겠다는 거였지. 시간을 줄이기 위해서 전체 노선도 6개로 나눴어. 하지만 1891년에 시작한 이 공사는 10년이 지나고도 절반 정도밖에 놓지 못했단다. 전체 완성까지는 무려 25년이나 걸려 1916년에야 끝을 보았지.

 러시아

죄수들의 눈물과 피로 만들어진 횡단 철도

시베리아 횡단 철도의 건설이 왜 이렇게 오래 걸린 걸까. 사실 처음 계획부터 부실했단다. 전체 철도 노선의 반 이상이 제대로 측량조차 되지 않은 상태에서 시작됐거든. 게다가 막상 공사를 시작하고 보니 지구에서 가장 춥고 다른 지역과도 동떨어진 이곳에 수천 킬로미터에 달하는 철도를 놓는다는 건 생각보다 어려운 일이었어. 철로 공사에 동원된 사람들의 걱정과 불만도 점점 커졌지.

"땅이 이렇게 꽁꽁 얼어붙어 있으니, 어떻게 땅을 파고 공사를 해야 할지 모르겠어요."

"얼음이 녹는다고 해도 큰 수렁이 생겨 버리니 문제일세. 깊은 수렁 안에 들어가 작업을 할 수밖에 없겠어."

거친 산으로 둘러싸여 있는 곳이 많았기 때문에 철도를 놓는다는 것 자체가 큰 도전이었지. 또 어떤 지역은 자주 홍수가 나서 이미 완성된 다리와 철도 선로가 물에 모두 휩쓸려 버리기도 하고 산사태로 파묻히기도 했어. 산적이 나타나 방해하기도 하는 등 쉽지 않은 작업이었어.

공사는 철도를 놓기 어려운 땅의 모양 때문에도 힘들었지만, 철강이나 목재 같은 공사 재료들을 옮겨 오기도 쉽지 않았단다. 하지만 가장 큰 문제는 그 어마어마한 철도를 만들 노동자를 구하는 것이었지.

시베리아 횡단 철도 건설 공사에 동원된 사람은 얼마나 됐을까? 자그마치 일 년에만 십만 명이 넘게 일했다고 해.

"서부 지역은 농사를 짓는 농부가 많으니 일꾼의 80%는 채울 수 있지만, 중부 삼림 지역이 문제입니다."

"필요한 일꾼들을 다 채우려면 죄수들을 동원하는 수밖에 없겠어요."

1891년 봄, 죄수들이 시베리아 가장 동쪽 구간인 우수리강 공사에 투입됐어. 탈출해 범죄를 저지르는 일도 일어났지만, 대부분은 열심히 일했단다. 공사가 많이 이루어졌을 때는 13,500명이 넘는 죄수가 철도 건설에 동원됐지. 중간에 탈출하는 죄수들은 전체의 1% 정도밖에 되지 않았는데, 1년 일하면 2년을 감옥에서 살지 않아도 된다는 조건이 있었거든.

일은 정말 혹독했단다. 일을 하고 받는 돈도 평균의 절반 정도밖에 받지 못했고 의료 시설도 매우 부족했어.

"아침 5시부터 하루 13시간 동안 일을 해야 하다니, 너무 심한 것 아니오?"

"오늘처럼 비가 많이 오고 추운 날에도 천막 신세라니, 몸이 다 얼어버리는 것 같군!"

세계에서 가장 긴 철도를 놓는 만큼 목숨도 많이 희생됐단다. 자바이칼(동시베리아에 위치. 바이칼 호수의 동쪽 지역)에는 가축의 질병이나 전염병인 페스트가 번졌고, 우수리 철도 건설 노동자들 사이에는 콜레라라는 전염병이 기승을 부리기도 했지. 철도 공사를 하는 도중 사망한 사람들만

해도 만 명에 달할 만큼 많았지.

특히 작업하다가 너무 추워서 얼어 죽는 경우도 많았다고 해. 이런 이유로 '죄수들의 눈물과 피로 만들어진 시베리아 횡단 철도'라는 말도 나왔지.

그 긴 철도를 만들어 낼 재료는 충분했을까? 철도를 만들기 위해서는 강철과 철광석, 나무와 자갈, 시멘트 등이 필요했는데 다행히 러시아 안에서 구할 수 있는 것들이었어. 당시 러시아에서 나는 철광석의 3분의 1이 철도 건설에 들어갔다고 하니, 그 양도 어마어마하지. 건설에 들어간 돈도 상상 이상이었단다.

수많은 어려움 속에서 시베리아 철도는 첫 기적을 울렸어. 1891년부터 1916년까지 25년에 걸쳐 서시베리아 철도, 중앙 시베리아 철도, 환바이칼 철도, 자바이칼 철도, 아무르 철도, 우수리 철도 등이 완성됐지.

시베리아 횡단 철도와 함께 가까워진 러시아

러시아에는 '러시아는 넓고 황제는 멀리 있다.'는 속담이 있단다. 땅이 워낙 넓어서 황제의 손이 러시아 곳곳에 다 닿기 어렵다는 뜻이야.

그렇다면 러시아 땅은 얼마나 클까? 러시아는 우리 대한민국의 남한 땅보다 100배가 넘는 넓이란다. 중국과 미국을 합친 것만 하다고 하니 정말 어마어마하지? 그리고 이 큰 땅에서 시베리아가 전체의 3분의 2 정도를 차지한다고 해.

이렇게 광활한 러시아와 시베리아를 횡단할 수 있는 철도가 생겼으니 이로 인한 변화도 폭발적이었겠지? 시베리아는 각종 천연자원이 묻혀 있는 보물섬 같은 곳이었거든. 전 세계 지하자원의 40%가 시베리아에 있는데, 특히 석유와 천연가스, 석탄은 세계에서 1, 2위를 차지할 정도로 많단다.

시베리아 횡단 철도와 함께 러시아 경제도 발전하기 시작했어. 가장 대표적인 예가 은행이 늘어난 거야. 건설이 시작되면서 시베리아에 5개에 불과하던 은행이 70여 개로 늘어났거든. 철도와 산업, 광산 관련 공장에 외국인 투자자들이 늘면서 블라디보스토크에만 10개가 넘는 은행이 문을 열었단다. 외국인들의 돈이 흘러들어오면서 철도와 산업, 광산과 관련된 공장은 점점 더 늘어났지.

시베리아의 풍부한 자원이 철도를 통해 세상 밖으로 드러나면서 사람들이 몰려들기 시작했단다. 주민도 늘어났지. 러시아가 적극적인 이주 정책을 폈기 때문이기도 해. 몇 년 만에 이주민 수는 2배 이상 늘어났어. 그전까지 사람의 손길이 닿지 않던 시베리아에 철도가 놓이고 그 철길을 따라 마을이 생겼어. 극장과 도서관, 대학 등이 들어서면서 문화적으로도 큰 변화가 일었지.

시간이 흐르면서 철도를 이용하는 고객도 늘어났단다. 1900년에는 연

 간 이용객이 100만 명, 1914년에는 517만 명이 넘었지. 특히 유럽 외교관들에게 철도는 긴 항해를 대신할 매력적인 교통수단이 되었어.
 철도 건설에 드는 비용과 공사 기간이 늘어나면서 건설 계획에 차질이 생기기도 했지만, 시베리아 횡단 철도는 러시아의 경제력과 기술력을 다른 나라에 보여 주는 역할을 했단다. 그 덕분에 당시 가장 발전한 국가들과 어깨를 나란히 하게 된 거야.

러시아

더 알아보아요

• 7박 8일 동안 어떻게 생활할까?

세계에서 가장 긴 철도 노선을 달려본다는 건 분명 색다른 경험일 거야. 그렇지만 시베리아 횡단 열차가 달리는 7박 8일의 긴 철도 여행 동안 기차에서 잠도 자고 씻기도 해야 할 텐데 어떻게 지내나 궁금하기도 하지? 시베리아 횡단 열차는 오랜 시간 생활을 해야 하기 때문에 모든 객실이 침대차로 되어 있단다. 침대의 개수와 시설은 1등석, 2등석, 3등석에 따라 다르고 기차마다 화장실이나 냉난방 시설 등도 다르단다. 식사로는 빵을 곁들인 스테이크와 전통 수프인 보르시 같은 러시아 현지 음식을 맛볼 수 있어. 하루 한두 차례 역에서 식품을

설원을 달리는 시베리아 횡단 열차

공급받기 때문에 재료도 신선하단다. 우리에겐 아주 반가운 음식도 만나 볼 수 있는데 바로 한국 컵라면이야. 러시아 사람들은 뜨거운 차를 마시기 위해서 어디서든 물 끓이는 '사모바르'라는 기계를 많이 이용하는데, 이를 이용해 도시락 모양의 한국 라면을 끓여 먹는 모습을 흔하게 볼 수 있어. 또 저녁이 되면 여행객들이 삼삼오오 모여 이야기꽃을 피운다고 하니, 낯선 땅에서 새로운 친구를 만날 수 있는 멋진 공간이 될 수도 있겠구나.

블라디보스토크 기차역

러시아

• 어린이 철도 학교

철도 강국 러시아에는 아주 특별한 학교가 있단다. 바로 '어린이 철도 학교'야. 해마다 여름이면 아이들에게 철도 관련 내용을 가르치는 곳이지. 기차를 운전하는 법, 기차역을 운영하고 선로를 유지하는 법 등 어린이 학교지만 철도에 관한 아주 전문적인 지식을 익힐 수 있단다. 표를 파는 일부터 기차를 운전하고 선로를 정비하는 일까지 학생들이 직접 맡고 말이야. 이렇게 공부를 하면서 시범 운행을 통해 생기는 수익은 다시 아이들의 급식비와 철도 학교 운영에 쓰이지. 러시아에는 이런 어린이 철도 학교가 여러 곳 있고 경진대회도 열려. 이 철도 학교를 졸업한 아이들은 장차 철도 관련 분야에서 일하게 된단다. 세계 최대의 철도 국가 러시아에서 철도 회사는 최고의 직장이거든.

• 아름다운 철도 기차역 건축물

러시아는 철도에 들어선 기차역도 참 예쁘단다. 시베리아 횡단 열차가 잠깐씩 정차하는 기차역들도 저마다 특색 있는 건축물로 유명하지. 러시아의 전통 건축 양식으로 지어진 건물과 천장, 아름다운 벽화가 벽면에 그대로 남아 있는 기차역이 많이 있단다. 카잔스키 기차역도 그런 의미에서 눈여겨볼 만하지. 러시아가 그렇게 부자 나라가 아니었음에도 의미 있는 건축물들이 잘 유지되고 있는 것을 보면 러시아 사람들에게 철도란 자부심을 갖게 하는 문화의 한 부분임을 짐작할 수 있어.

• 시베리아 횡단 열차와 당근 김치

1937년 중일 전쟁이 일어나면서 러시아는 연해주에 살던 한국 사람들을 강제로 중앙아시아로 보냈어. 이들을 태우고 간 것이 바로 시베리아 횡단 열차란다. 생전 살아본 적도 없는 낯선 땅에 간 한인들은 김치를 그리워했지만, 배추를 구하기는 너무 힘들었어. 그래서 배추로 담근 김치 대신 '당근김치'를 담가 먹었지. 당근을 잘게 잘라서 소금에 절여 김치를 만들어 먹은 거야. 지금까지도 중앙아시아에는 이 당근 김치가 이어져 오고 있단다.

당근으로 담근 김치

카잔스키 기차역

05
인도의 눈물이 된 철도

우리 주위에서 면으로 만든 것은 쉽게 찾아볼 수 있어.
먼저 우리가 매일 입는 옷이 대표적이지. 자주 사용하는 필통, 에코백, 수건 등
생활하는 데에 많은 부분을 차지하기 때문에 면이 없으면 매우 불편할 거야.
이렇게 중요한 면이라는 직물은 목화로 만든단다. 지금부터 이야기할
인도는 대표적인 목화 생산 국가였어. 또한 목화를 재배했을 뿐만 아니라 면직물도
만들었어. 인도 면직물은 가볍고 아름다웠지. 그 때문에 인도는 면직물의 왕국이라
불릴 정도였지. 하지만 얼마 지나지 않아 그 자리를 빼앗기고 말았어.

인도

인도의 면 드레스를 입은 마리 앙투아네트

　인도에서는 아주 오래전부터 목화 농사를 지었어. 목화가 떨어지고 난 뒤 다래라는 열매가 열리거든. 다래가 무르익으면 축포처럼 목화솜이 팡팡 터져 나오지. 그 폭신폭신함과 부드러움은 마치 솜사탕 같아서 한눈에 반할 정도란다.

　이런 목화는 따뜻하고 물이 많은 곳에서 잘 자라. 습도도 높아야 하지. 맞아. 인도는 목화 재배에 필요한 이 세 가지를 갖춘 곳이었어.

　당시에는 인도 어느 마을에서나 목화를 볼 수 있었어. 마을 사람들은 손으로 일일이 씨앗에 붙은 목화솜을 떼어 냈지. 또 물레로 실을 잣고 베틀로 옷감을 짰어. 인도 여인들의 옷감을 짜는 솜씨는 무척 훌륭했단다. 그들의 손끝에서 뽑아내는 실은 마치 거미줄 같았어. 무척 가늘었거든. 마을마다 있는 직공들은 묵묵히 옷감을 만들었어. 거기에 고유의 문양을 찍거나 갖가지 색으로 물들였지. 목화에서 뽑아낸 얇디얇은 실은 부드럽고 화려한 옷감으로 재탄생했단다.

　이처럼 인도 면직물이 우수했던 것은 천연의 자연환경이 만들어 낸 것만은 아니었어. 오랜 세월 쌓이고 전해 내려온 인도만의 면직물 짜는 비결과 기술이 있었던 거야. 인도의 전통 기술은 어떤 나라도 쉽게 따라갈 수 없었지.

인도

고대 로마인들은 인도의 면직물을 '바람으로 짠 직물'이라 불렀단다. 중세 프랑스 왕비 마리 앙투아네트는 인도에서 짠 면 드레스를 즐겨 입었어. 그 덕분에 한때 유행이 되기도 했지.

또한 근대 영국에서는 면 옷의 인기가 하늘을 찌를 정도였어. 영국 사람들은 오랜 세월 입어 왔던 양털로 만든 옷을 벗어 던졌어. 면 옷을 입는 데에 조금의 망설임도 없었지.

"우리가 입던 것보다 훨씬 부드러워요."

"어디 그뿐인가요. 가볍고 색깔도 예뻐요. 관리도 쉽고요."

이처럼 영국 사람들은 인도에서 만든 면 옷의 우수성을 금세 알아챘어. 그들은 이런 면 옷을 만들어 낼 수 있는 인도를 욕심내기 시작했단다.

 인도에 건설됐으나 영국을 위한 철도

인도가 면직물의 나라라면 영국은 모직물의 나라야. 면직물은 목화로 만든다고 했지? 모직물은 양털로 만들어. 모직물만 알던 유럽 사람들은 면직물을 보고 깜짝 놀랐어. 모직물은 무겁고 뻣뻣하지만 면직물은 가볍고 부드러웠거든.

"이렇게 좋은 면직물을 더 많이 가져와서 팔아야겠어요!"

당시 인도는 유럽에서 너도나도 욕심내던 곳이었어. 런던의 상인들은 영국 동인도회사를 세워 인도의 것들을 사고파는 데에 앞장섰어. 인도의 면직물은 아름다운 데다 값도 싸고 세탁도 쉬웠거든. 없어서 못 팔 정도였지. 면직물의 인기는 영국을 넘어 유럽 대륙으로 퍼져 갔단다.

이런 모습을 모두가 좋아하지는 않았어. 모직물과 관련된 일을 하는 사람들의 불만이 컸지.

"면직물 때문에 장사가 안 되니 큰일이야."

"그러게 말이네. 이대로 있다가는 일터에서 쫓겨날지도 몰라."

그것뿐만이 아니었어. 영국은 면직물을 수입하면서 은으로 값을 치렀거든. 수입하는 면직물의 양이 늘어날수록 빠져나가는 은의 양도 늘었지. 이 때문에 동인도회사는 나랏돈을 빼돌린다며 거센 비난을 받았어. 그렇다고 면직물 수입을 멈출 수는 없었어. 그들은 원성을 피할 수 있는 다른 방법을 찾아야 했어.

"이참에 우리가 아예 인도를 지배하는 거야! 그러면 값을 내지 않아도 되잖아!"

동인도회사 사람들은 특히 벵골 지방을 노렸어. 벵골은 인도에서도 면직물 주요 생산지 중 한 곳이었거든. 결국 영국 사람들은 신식 무기를 앞세워 수월하게 벵골을 차지했단다. 그리고 이곳을 통치하면서 거둔 세금으로 인도의 면직물을 사들이기 시작한 거야. 말하자면 공짜로 면직물을 거둬들이기 시작한 거지.

물론 영국 사람들의 욕심은 여기서 그치지 않았어. 벵골을 시작으로

인도

영국은 식민지를 점점 넓혀 갔어. 그리고 마침내 인도 전역을 차지하게 되었지.

동인도회사 사람들은 인도의 것을 더 많이, 더 빠르게 가져갈 방법을 생각했어. 처음엔 면직물만 가져갔지만, 시간이 흐르면서 면화도 가져갔지. 인도산 면화를 가져가 영국산 면직물을 만들려는 생각이었던 거야. 그런데 면화를 운반하다 보니 여러 가지 문제에 부딪혔어.

"마차로 운반했더니 걸핏하면 먼지를 뒤집어쓰는군."

"맞아. 이번엔 비 때문에 면화가 폭삭 젖어 버렸다네."

"빠르고 안전하게 실어 나를 수 있는 방법을 찾아야 해."

이들이 생각해 낸 것이 바로 철도였어. 철도는 이런 문제를 해결해 줄 수 있는 아주 좋은 수단이었어. 마침 이때 영국은 산업 혁명의 전성기를 맞고 있었거든. 증기 기관을 이용하여 물건을 만들거나 나를 수 있었지. 영국의 도시 곳곳에 공장이 놓였고 증기 기관차가 달릴 수 있게 철도가 깔려 있었단다.

"철도, 철도야말로 지금 인도에 꼭 필요한 것이오!"

결국 영국 사람들은 자기들 나라에서 기술자를 데려다가 인도에 철도를 놓기로 했어.

이렇게 해서 놓인 인도 최초의 철도는 1853년에 완성된 뭄바이(봄베이)-타네(타나) 구간이야. 철도 길이는 34km에 이르렀지. 봄베이와 타나는 예전에 부르던 이름이야. 이 최초의 철도와 기차는 인도 사람들의 관심을 끌 만했어. 덜컹거리며 빠르게 선로를 타고 달려오는 커다란 쇳덩이가 얼마나 신기했겠니?

뭄바이에서 타네를 오가는 기차가 처음 운행되던 날, 기차를 보기 위해 사람들이 구름떼처럼 몰려들었지. 끝이 보이지 않을 정도였어.

인도

영국 사람들은 인도 사람들에게 철도와 기차가 생활을 편리하게 만들어 줄 것이라고 떠들고 다녔어. 하지만 이 철도가 자신들의 운명을 어떻게 바꾸어 놓을지 인도 사람들은 아직 모르고 있었지.

철도는 거미줄처럼 점점 더 인도 내륙으로 뻗어 나갔어. 하지만 동시에 많은 인도 사람들의 목숨도 앗아 갔지. 무엇보다 공사 현장마다 전염병이 돌았어. 일터는 더럽고 지저분했거든. 일꾼들의 영양 상태 또한 좋지 않았지.

"이렇게 불결한 곳에서는 누구도 안전할 수 없어요!"

철도 공사 현장에서 일하던 인도 사람들이 번번이 말했지만 고쳐지지 않았어. 결국 전염병이 한 번 돌 때마다 많은 사람이 죽어 나갔단다.

그뿐만이 아니었어. 목화를 키우는 곳까지 철도를 놓으려면 높은 산도 넘어야 하고, 강도 건너야 했거든. 그 과정에서 무려 2만 5천여 명이 목숨을 잃기도 했어. 이런 일들을 겪으면서도 1870년, 인도 동쪽과 서쪽을 잇는 콜카타(캘커타)-뭄바이(봄베이) 철도가 완성되었어. 2년 뒤인 1872년 무렵에는 인도에 모두 8,000km 이상의 철도가 놓일 정도로 철도 공사는 빠르게 진행되었단다. 인도의 옛 수도이기도 했던 캘커타는 영국 식민지배 탓에 불린 지명이라고 해서 현재는 본래 명칭인 콜카타로 부르게 되었지.

1947년 영국으로부터 독립할 때, 인도는 미국, 캐나다, 러시아에 이어 세계에서 네 번째로 긴 철도망을 갖추었지. 이렇게 놓인 철도는 제 역할을 톡톡히 했어. 그 철도를 달리는 기차가 짐꾼 1만 3천여 명의 역할을 대신할 정도였다고 하니 대단하지? 더 이상 면직물이 비나 먼지를 맞을까 신경 쓰지 않아도 되었고, 이전보다 빨리 사람과 면화를 실어 나를 수 있었지.

물론 이 철도는 인도 사람들을 위한 것이 아니었어. 영국을 위한 영국의 철도라 해도 지나치지 않았지. 철도는 영국이 인도에서 더 많은 것을 가져가기 위해 만든 발판일 뿐이었어. 그것이 영국의 검은 속셈이었지. 철도가 놓이면서 식민지인 인도는 더 많은 것을 잃을 수밖에 없었단다.

인도가 빼앗긴 것들

영국의 손길이 파고들기 전까지만 해도 인도는 세계에서 손꼽히는 경제력을 갖춘 나라였어. 하지만 영국은 인도에서 눈에 보이는 것과 보이지 않는 것 모두를 가져갔단다. 오죽하면 '스펀지로 인도 갠지스 강물을 빨아들여 영국 템스강에 짜놓는다.'고 했을까? 그 결과로 영국의 강물은 넘쳐흐를 지경에 이르렀지만 인도는 가뭄 든 강바닥처럼 마르다 못해 바스러질 정도가 되었지.

영국이 들어오면서 인도의 모든 것은 하나씩 무너져 내렸어.

우선, 인도는 솜씨 좋은 기술자들을 잃었어. 마을마다 숙련된 방직공들

인도

이 많았다고 했지? 그들이 만든 면직물은 매우 인기 있었거든. 과거부터 한길을 걸어 온 그들의 솜씨는 누구도 따라갈 수 없었지. 하지만 영국은 그들을 눈엣가시처럼 여겼어.

"인도 면직물보다 우리 것이 더 많이 팔려야 하는데, 어쩐담?"

영국 사람들은 인도 사람들이 더 이상 옷감을 만들 수 없게 방직기를 부수었어. 방직공들을 때리거나 옥에 가두었고, 심한 경우 그들의 손목이나 엄지를 잘랐어. 정말 끔찍하지? 손을 못 쓰게 된 방직공들은 일을 그만둘 수밖에 없었지.

"이웃 마을에서 방직공들이 몹쓸 일을 당했대요. 너무 무서워요."

"이곳을 떠납시다. 계속 옷감을 짜다가는 무슨 일이 일어날지 몰라요."

그 탓에 더 이상 한 마을에서 예전과 같은 솜씨를 가진 방직공은 찾아보기 힘들게 되었어. 과거의 아름다운 면직물은 더 이상 보기 어렵게 된 거지.

그뿐만이 아니야. 인도는 면직물도 잃었어. 아주 오래전부터 목화를 재배해 온 인도는 세계 최고의 생산국이었지. 그런 목화로 방직공들이 정성스럽게 짜 낸 면직물은 인도 경제의 큰 부분을 차지하고 있었어. 그러나 영국이 들어오면서 사정이 달라졌어. 인도 사람들은 여전히 씨를 뿌리고 거두었지만 그들이 거둔 목화는 더 이상 인도 것이 아니었어. 목화를 따자마자 재빨리 철도에 싣고 영국으로 가져가 버렸지.

영국 사람들은 기계를 사용했기 때문에 이전보다 더 많은 면직물을 생산할 수 있었어. 속도도 더 빨라졌지. 그렇게 만들어진 면직물은 다시 인도로 건너와 촘촘히 놓인 철도망을 통해 인도 곳곳으로 팔려 나갔지. 그 바람에 인도 사람들이 예술적인 솜씨로 만든 면직물은 시간이 지나면서 그 자리를 빼앗기고 말았지.

아름답고 풍요로워 보이는 목화 농장 뒤에는 인도의 이런 아픔이 있단다. 한때, '화려한 면직물의 왕국'으로 불리던 인도는 이처럼 맥없이 비극의 순간을 맞게 되었어.

그리고 무엇보다 인도 사람들을 더욱 힘들게 했던 것은 인종 차별이었단다. 그 당시 인도 기차에도 지금처럼 일등석이 있었어. 누구나 표를 살 수 있었지. 하지만 누구나 탈 수는 없었단다. 그게 무슨 말이냐고? 하얀 피부의 유럽 사람들은 거무스름한 피부의 인도 사람들과 같이 타기를 꺼렸거든.

"난 일등석 표를 가지고 있소. 내릴 수 없소!"

"어서 삼등석으로 가시오! 그렇지 않으면 화물칸에 타야 할 거요!"

당시 영국 사람들이 탔던 기차의 일등석 칸은 여러 면에서 무척 편했어. 일인용 침대, 선풍기뿐만 아니라 이발사까지 있었거든. 식사에는 음료, 과일이 곁들여 나왔지. 반면 인도 사람들이 탔던 삼등석 칸은 불편한 것뿐이었어. 조명이 없으니 어두웠고 도난을 당하기 쉬웠지. 화장실도 없었어. 파는 음식은 너무 비싸 그림의 떡이었지. 인도에 놓인 철도인데도 일등석은 영국 사람이, 삼등석은 인도 사람이 이용했다는 사실은 불편

한 진실이란다.

  또한 기차 역무원들은 인도 사람들을 무시하며 무례하게 대했어. 인도 사람들은 부당하다며 항의를 거듭했지만 신경조차 쓰지 않았지. 비단 기차에서만 그랬던 건 아니야. 영국은 인도 곳곳에 유럽인 전용 구역을 만들었어. 인도 사람들은 갖은 모욕과 차별을 겪으면서도 식민지라는 현실 때문에 슬픔과 분노를 삼켜야 했어.

  이런 이유로 근대 문물의 상징인 철도가 인도에서는 착취와 약탈의 상징이 되어 버린 거야. 영국은 목화 생산지를 중심으로 철도를 놓았고, 그것이 인도의 핵심이라 할 수 있는 면직물 산업을 철저하게 무너뜨린 거지. 인도 철도에는 영국에게 모든 것을 빼앗길 수밖에 없었던 인도의 아픔이 담겨 있단다.

 인도

더 알아보아요
• 간디가 물레를 돌린 이유

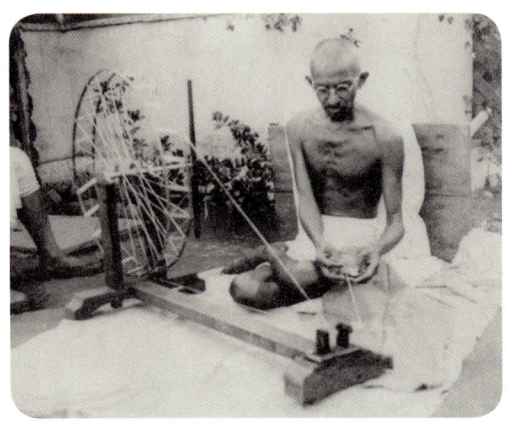

인도 독립의 아버지, 간디

인도의 독립운동 지도자였던 간디는 진작부터 철도를 놓은 영국의 속셈을 눈치채고 있었어. 그래서 인도 사람들에게 철도를 버릴 것을 주장했지. '인도에서 철도를 모조리 없애 버려도 나는 눈물 한 방울 흘리지 않을 것이다.'라고 말할 정도였어. 간디는 철도 때문에 죽어 가는 인도의 면직물 산업을 살리려면 전통적인 방식으로 되돌아가야 한다고 생각했지. 그 때문에 인도 사람들에게 물레를 이용해 면직물을 짜야 한다고 말했어. 당시 '물레를 돌리는 것'은 인도의 면직물만 사자는 것을 의미했거든.

"물레질은 가장 인도 사람다운 행동이며 우리의 경제를 살릴 것입니다."

간디는 이러한 비폭력적인 방식으로 영국에 저항했어. 결국 1947년 인도는 영국의 지배에서 벗어날 수 있었지. 간디의 물레 운동이 인도의 독립을 이끌었다고 해도 지나치지 않아.

• 철도를 놓은 코끼리

인도는 코끼리의 나라라고 불릴 만큼 코끼리가 많아. 인도 코끼리는 물건을 옮기거나 건물을 지을 때뿐 아니라 전쟁에도 참여했어. 철도를 놓을 때도 마찬가지였지. 힘이 세서 철도를 놓을 때 수백 사람 몫의 일을 했거든. 코끼리는 열차를 밀어서 옮기거나 차량을 교체하는 것과 같이 힘든 일을 할 때 역할을 톡톡히 했어. 코끼리가 없었으면 시간도 오래 걸리고 사고도 잦았을 거야. 코끼리는 철도를 놓을 때부터 개통할 때까지 없어서는 안 될 존재였어. 하지만 이렇게 도움을 준 코끼리가 철도 사고로 죽는 일이 아직도 있단다. 개발로 인해 생활 터전을 잃은 코끼리가 먹이를 찾다가 기차에 치이는 거야. 철도 놓는 일을 한 코끼리가 철도 때문에 죽다니, 게다가 해마다 이런 사고가 늘고 있으니 참 안타까운 일이지.

철도 선로 전환 작업에 이용된 코끼리

 인도

· 이야기 속 인도의 철도

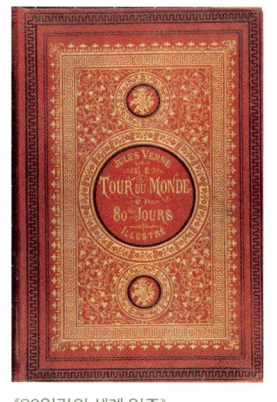

《80일간의 세계 일주》
초판본 표지

1870년에 인도 콜카타(캘커타)-뭄바이(봄베이) 구간이 완성되었어. 이는 인도 동쪽과 서쪽을 잇는 대단한 일이었지. 프랑스 작가 쥘 베른이 1873년에 발표한 《80일간의 세계 일주》라는 책이 있어. 여기에 이 철도와 기차에 관한 이야기가 나온단다. 주인공 필리어스 포그는 영국 신사야. 그는 80일 만에 세계 일주를 할 수 있다고 장담했어. 급기야 재산의 절반을 건 내기를 하지. 포그는 무슨 배짱으로 이런 행동을 한 걸까? 그가 큰소리 친 이유 중 하나가 바로 인도의 철도야. 세계 일주를 시작하면서 인도 뭄바이에서 콜카타까지 기차로 가는 내용이 나오거든. 과연 포그는 무사히 인도를 지나갈 수 있었을까? 선로가 끊어지지는 않았을까? 결국 포그는 내기에서 돈을 잃었을까? 80일간의 세계 일주 여정이 꽤나 흥미진진하단다.

《80일간의 세계 일주》 경로

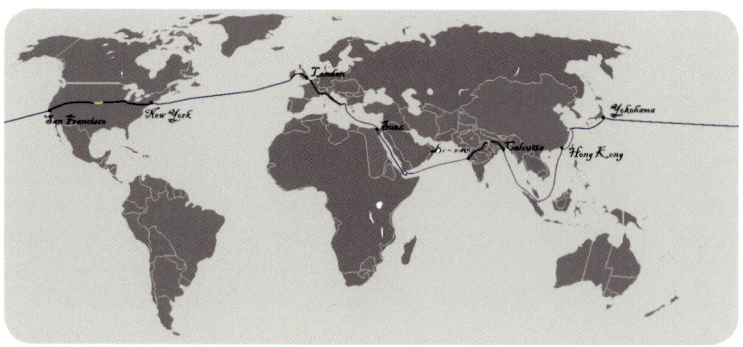

• 오늘날 인도 철도의 모습

인도 철도는 1853년 첫 개통 이후 오늘날까지 부지런히 달리고 있지. 과거 인도의 면직물 산업을 무너뜨렸던 무법자 같은 철도의 모습을 지금은 찾아보기 힘들어. 하루 2천만 명 이상이 이용할 정도로 보편적인 교통수단이지만 노선이 많지 않아 혼잡한 편이란다. 휴일이나 명절이 되면 열차 지붕 위에 빼곡히 앉아 있는 사람들의 모습을 쉽게 볼 수 있을 정도야. 대부분의 인도 철도는 오래되어 시설이 낙후되어 있어. 이용객은 많지만 노선이 많지 않아 늘 사람들로 북적이지. 하지만 달리는 기차 안에서 바라보는 풍경은 그런 사실을 잊게 해 줄 만큼 근사하단다. 자연과 어우러져 달리는 기차의 모습은 또 하나의 볼거리이기도 하지.

아름다운 풍경을 감상할 수 있는 뭄바이-고아 열차

06
나라의 자긍심을 높인 중국 철도

중국은 세계에서 가장 많은 승객과 화물을 철도를 통해 실어 나르는 나라야.
우리나라의 설날과 같은 명절인 춘절에는
중국인들이 기차표를 구하기 위해 예매 사이트에 접속하는 횟수만
수억 번 가까이 된단다. 철도와 기차가 없는 중국은 상상할 수 없을 것 같아.
하지만 처음부터 이렇게 철도가 발달했던 건 아니란다.
중국에 철도가 처음 생겼을 때는 오히려 철도 건설을 반대하는 목소리가 높았거든.

 중국

사람을 삼키는 거대한 쇳덩어리

중국에 처음 철도를 만들자는 이야기를 한 건 역시 서양 사람들이야. 1863년, 중국 상하이에 와 있던 서양 상인들이 쑤저우라는 지역에서부터 상하이까지 철도를 놓자고 했지. 하지만 외국인들이 땅을 사용하는 것이 싫었던 중국은 제안을 받아들이지 않았어.

"조상들의 묘가 있는 곳을 철도가 지난다면 땅 주인들이 가만히 있지 않을 것이오."

무덤을 파헤치는 사람은 목을 벤다며 겁을 주는 통에 서양 상인들은 포기하고 돌아갔고 2년 후에야 한 영국인이 중국에 첫 철도를 깔았단다. 400m의 철로에 작은 증기 기관차 한 대가 달렸지. 하지만 시커먼 쇳덩어리를 사람들이 넋을 잃고 구경하자 중국 정부는 백성들이 더 동요할 것을 걱정해 철도를 철거해 버렸단다.

청나라 말기인 1876년경에야 영국은 중국에 다시 철도를 놓을 수 있었어. 영국은 이 당시 중국에 무역회사를 설립하고 아편을 팔아 큰돈을 벌고 있었거든. 철도를 놓을 수 있는 여건이 충분했지. 하지만 이번에도 중국인들에게 환영받지는 못했단다. 중국 관료들은 철도가 중국의 전통을 파괴할 거라고 생각했고 일반 백성들도 석탄을 가득 싣고 달리는 열차가 농사지을 땅을 망가뜨린다고 여겼기 때문이야.

"수레를 끌고 노를 저어 먹고 사는 사람이 수백만 명이오. 이 기계가 살아갈 농지를 다 망가뜨리고 살아갈 땅을 빼앗아 갈까 걱정이오."

"성난 사람들이 폭동을 일으킬 수도 있어요."

중국인들에게 철은 폭력과 전쟁을 떠올리게 했어. 게다가 중국인들의 철도에 대한 걱정과 반감은 중국인 한 사람이 철도에 깔려 목숨을 잃으면서 극에 달했지.

상하이 법정은 기관사를 사형시키고 영국과는 협상을 했어. 이 기회에 철도를 없애 버리기로 하고 은 28만 냥에 철도를 통째로 사들인 거야. 사람을 죽게 한 흉악한 쇳덩어리라는 손가락질을 받으며 기관차는 다시 뜯어지고 부서졌어.

그 후로 한동안은 철도에 대해 말하는 사람이 없었는데 유명전이라는 사람이 정부에 다시 철도 건설 이야기를 꺼냈단다. 물론 많은 사람이 반대했지.

"우리 중국도 더 발전하려면 서양 나라들처럼 철도가 꼭 필요합니다!"

"아직도 철도 이야기를 꺼내는 것이오? 기차란 모름지기 천 리도 옆집처럼 느끼게 만드는 위험한 물건이오! 쓸데없이 이곳저곳을 다니다가 오락과 여러 유혹에 빠지게 되겠지요."

그런데 상황이 뒤바뀌는 일이 생겼어. 당시 최고 권력가였던 이홍장이라는 사람이 유명전의 편에서 철도 건설에 찬성하고 나선 거야. 서양 선진 과학 기술을 들여오는 것에 관심이 많은 사람이었거든.

중국

철도를 놓느니 놓지 말아야 하느니, 철도 공사를 두고 나라 안은 시끄러워졌지. 그리고 그 이야기는 청나라를 50여 년 가까이 통치하며 황제 위의 권력이라고까지 불렸던 서태후의 귀에까지 들어갔어.

서태후의 호기심을 끌 좋은 기회라고 생각한 이홍장은 독일에서 객차 여섯 량을 가지고 왔단다. 객차를 끌고 다닐 기관차는 프랑스 상인이 기증했고. 이홍장은 사치를 좋아하는 서태후에게 맞춰 객차 내부도 아주 호화스럽게 꾸몄지.

서태후는 가끔 이 기차에 황제와 귀족들을 태우고 궁궐을 한 바퀴 돌며 즐거워했어. 또 낮잠 자러 갈 때도 종종 기차를 이용했지.

"기차 안에서 낮잠을 자니 참으로 재미있구나. 그런데 너무나 시끄럽다! 또 기차를 모는 자가 내 앞에 앉아 있는 것도 거슬리는구나."

신문물인 기차를 타면 재미는 있었지만, 한번 타고 나면 기관차의 소음 때문에 몹시 시끄러운 데다가 기관사가 앞에 앉아 있는 것도 서태후의 마음에 들지 않았던 거야. 그래서 기관차를 치워 버리고 궁궐의 내시들에게 명해 객차를 밧줄로 연결해서 끌고 다니게 하는 우스꽝스러운 상황도 있었단다. 하지만 당시의 최고 권력자 서태후의 관심을 받으며 철도 건설은 새로운 힘을 받기 시작했어.

■ 중국

중국만의 힘으로
민족 철도를 만들다

　하지만 중국 철도는 이제 중국만의 문제가 아니었단다. 1895년에 중국이 일본과의 전쟁에서 지면서 일본을 비롯한 서구 세력들이 중국을 무시하기 시작했거든. 철도 건설에 부정적이었던 중국 정부는 마침내 철도가 경제에 얼마나 중요한지 깨닫기 시작했어. 중국의 이익을 외국에 다 빼앗길지도 모른다는 위기감이 감돌았던 거야.

　군인이자 정치가였던 위안스카이(원세개)라는 사람이 철도 건설을 맡으면서 다른 나라의 힘을 빌리지 않고 중국만의 민족 철도를 만들겠다는 계획이 시작됐단다. 위안스카이는 서태후에게 베이징과 장자커우라는 지역을 잇는 '징장 철도' 건설 계획을 허락받았어. 이 장자커우라는 곳은 군사적으로나 상업적으로 아주 중요한 지역이었거든.

　위안스카이는 중국 스스로 철도를 설계하고 만들 수 있도록 '잔텐유'라는 인물에게 모든 건설 권한을 맡겼어. 하지만 철도 선진국들은 스스로 철도를 만들겠다는 중국을 조롱했지. 영국 한 신문에는 이런 기사도 실렸단다.

　'철도를 만들 수 있는 중국인 엔지니어는 아직 태어나지도 않았다. 외국 기술에 기대지 않겠다는 중국의 꿈은 50년 후에나 이루어질 것이다.'

　중국의 기대와 외국의 조롱을 한 몸에 받은 잔텐유는 국가 유학생으로 뽑혀 미국에서 철로 공정을 전공한 사람이야. 외국인들이 실패한 노선도 간단하게 해결하는 등 실력이 뛰어났지. 위안스카이가 그런 잔텐유에게 국가의 큰일을 맡긴 거야.

잔텐유는 광활한 중국에 철도 대동맥이 흐르게 하겠다는 꿈을 품었어.

"중국은 거대한 나라입니다. 우리나라가 홀로서기 위해서는 징장 철도를 우리만의 힘으로 만들어 내야 합니다. 길 하나를 만드는 것마저도 외국의 도움을 받아야만 한다면 위대한 중국이라고 할 수 없을 것입니다."

하지만 베이징에서 장자커우까지는 중간에 산도 뒤엉켜 있고 복잡한 땅이 많았기 때문에 철도를 놓는 과정도 쉽지 않았어. 잔텐유는 시간을 줄이기 위해 구간을 나눠서 공사에 들어갔단다. 낮에는 필요한 장비를 지고 산에 올랐고 밤에는 등불 아래서 철도 연구를 했어. 1,000m가 넘는 터널을 뚫기 위해 직접 돌을 깎고 물을 퍼냈지.

"서북풍이 몰아쳐 황사가 하늘을 가려 버렸습니다."

"그래도 정확한 수치를 재면서 일해야 합니다. 한 치의 오차도 없어야 하니까요!"

🇨🇳 중국

잔톈유는 한 땀 한 땀 정밀하게 직접 수치를 재고 조금의 오차도 허락하지 않았어. 이런 세밀한 작업 덕분에 징장 철도를 건설하는 동안 계곡에서 떨어져 죽는 일꾼이 한 명도 없었단다. 현지 농민들에게 직접 묻고 배운 덕분이기도 했지.

하지만 철도를 놓는 작업이 고된 것보다 그를 더 힘들게 했던 것은 황족과 귀족들의 간섭이었어. 선로가 통과해야 하는 곳에 조상의 분묘나 별장을 가지고 있는 사람들이 작업을 방해하거나 철도 노선을 바꿀 것을 요구했거든. 하지만 노선을 바꾸려면 돈과 시간이 어마어마하게 들어갔기 때문에 잔텐유는 굽히지 않고 끝까지 공사를 이어 나갔단다.

징장 철도는 1909년 완공되기까지 4년이 걸렸어. 원래 예정했던 기간을 2년이나 앞당긴 거였지. 비용도 서양인들이 예상했던 것의 5분의 1밖에 들지 않아서 나랏돈 36만 냥을 절약할 수 있었어. 중국만의 힘으로 가장 좋은 철도를 놓겠다는 잔텐유의 꿈이 이루어지는 순간이었지. 잔텐유는 지금도 여전히 중국인들에게 존경받는 '중국 철도의 아버지'라 불린단다.

 중국만의 철도, 그 꿈은 현재 진행 중

　징장 철도가 건설된 이후에도 중국은 확실히 그 면적에 비해 철도가 놓이는 속도는 더뎠어. 외국에 의한 변화를 두려워하는 나라였기 때문이란다. 뒤늦게야 철도로 어디든지 군대를 빠르게 보낼 수 있다는 걸 깨달으면서 건설에 속도를 내기 시작했지.

　첨단 기술이 발전하면서 중국만의 새로운 철도를 만들겠다는 꿈도 다시 시작됐어. 바로 고속 철도를 통해서야. 첫 고속 철도는 2008년 베이징과 톈진을 잇는 구간에 개통됐단다. 독일과 일본의 기술을 빌려 만들었지. 이때까지만 해도 같은 해에 치러진 베이징 올림픽에 관심을 뺏겨 큰 주목을 받지는 못했어.

　하지만 '사종사횡'이라는 거창한 계획과 함께 중국 고속 철도는 속도를 내기 시작했단다. 중국을 가르는 세로 노선 4개, 가로 노선 4개를 만들겠다는 계획이었지. 중국을 하나로 묶는 고속 철도 건설이 시작된 거야.

　세계 최고 속도의 고속 철도를 자체 개발하겠다고도 선언했단다. 그 옛날 징장 철도를 자신들의 힘으로 만들어 내겠다는 꿈을 품었던 잔텐유처럼 말이야. 도시와 도시를 연결하는 철도는 무조건 고속 전철로 깔고 고속 철도망을 연결했어. 고속 철도가 지나는 주요 도시들은 더 웅장하고 화려해졌지. 지금 중국의 고속 철도망은 3만 킬로미터가 넘는단다.

　이제 중국은 전 세계 고속 철도망의 3분의 2 이상을 가진 철도 강국이 되었어. 스스로의 힘으로 철도를 만들 수 없을 거라 조롱받던 나라가 고속 철도 분야를 선도한 독일이나 프랑스, 일본과도 어깨를 나란히 할 수 있게 된 거지. 자신만의 기술을 가지겠다는 중국의 일념은 중국 철도의 자부심이 되어 지금도 광활한 대지를 가르며 달리고 있단다.

중국

더 알아보아요

• 세계에서 가장 높은 곳에 놓인 철도

세계에서 가장 높은 곳에 놓인 철도는 중국에 있어. 아주 험난한 지형을 지나는 철도인데, 중국 칭하이성 시닝에서 티베트 자치구 라싸를 연결하는 '칭짱(청장) 철도' 란다. 티베트 고원의 탕굴라산 고개를 지나는 칭짱 열차는 세계에서 가장 높은 고도

탕굴라 기차역

를 달리기 때문에 '하늘열차'라고도 부르지. 특히 해발고도 5,000m가 넘는 곳에 위치한 탕굴라 기차역은 세계에서 가장 높은 철도역으로 유명해. 우리나라 지리산이 해발 1,900m가 조금 넘는 정도라고 하니까 얼마나 높은 곳에 기차역이 있는지 느낌이 오니? 기차가 거의 하늘과 맞닿을 정도의 높은 곳을 지나기 때문에 탕굴라 기차역을 지날 때 가장 중요한 건 산소를 잘 공급해 주는 거야. 산소가 부족해지지 않도록 열차 안에는 비행기 시스템을 활용한 산소 공급기가 있고 응급 상황을 대비해 의사와 간호사도 타고 있단다.

칭짱 열차

• 과거 춘윈 기간 철도역의 진풍경

 음력으로 정월 초하룻날은 중국 최대 명절인 춘절(춘제)이야. 이때 중국인들은 40여 일 동안 고향을 오간단다. 중국 정부는 이 시기를 연휴 특별 수송 기간으로 정하고 '춘윈'이라고 불러.

 철도와 항공, 도로, 항만 등 모든 교통수단이 다 동원되지만 가장 인기 있는 교통수단 중 하나는 역시 기차야. 첨단 인터넷 정보화 기술이 발달하면서 이제는 속도가 빨라졌지만 10여 년 전만 해도 중국에서 춘윈 기간의 철도역 풍경은 정말 복잡했단다.

과거 춘윈 기간 철도역 풍경

중국

폭설이 내리는 날에도 끝없는 줄을 서야 했고 기다리다 탈진하는 사람이 생기기도 했어. 철도는 길어지고 기차도 늘어났지만 쏟아지는 귀성객이 모두 타기에는 역부족이었거든. 의자에 앉아 가는 건 하늘의 별 따기였지. 서서 가는 자리라도 구하면 행운이었으니까.

그래서 사람들은 플라스틱 통을 가지고 타기도 했단다. 그 안에 짐도 넣고 의자처럼 앉아 갈 수도 있었거든. 열차표를 구하지 못한 사람들을 위해 오토바이 부대가 출동하기도 했어.

중국에 얼마나 많은 사람이 사는지 직접 느끼고 싶다면 춘원 기간에 철도역을 가보라는 말도 있어. 그 어마어마한 행렬에 놀랄 수밖에 없을 거야.

• 얼굴이 신분증이 되는 안면 인식 기차역

　SF 영화에서 신분증 없이도 눈의 홍채나 얼굴만으로 신분 확인을 하는 장면 본 적 있을 거야. 미래 사회 모습 같지만, 중국에서는 몇 년 전부터 이런 안면 인식으로 신분을 확인할 수 있단다. 음식점에서도 얼굴을 잠깐 인식하면 모든 계산이 끝나는 곳들이 있다고 해. 철도역에서도, 지하철에서도, 공항에서도 쓰이고 있지. 그래서 이제는 인구 대이동이 시작된다는 춘원 기간도 예전만큼 혼잡하지는 않게 되었지. 줄을 길게 서서 표 검사를 할 필요 없이 카메라에 얼굴만 비치면 1초 안에도 신분 확인이 끝나거든. 승차권을 살 필요도 없이 얼굴만으로도 지하철을 탈 수 있는 등 편리해진 건 사실이야. 하지만 국가라는 거대한 권력이 개인을 한 사람씩 개별적으로 관리하고 감시하는 통제 사회에 대한 걱정과 공포도 함께 커지고 있단다.

중국 철도역에 설치된 안면 인식기

07 야망을 실어 나른 일본 철도

일본은 철도를 정말 사랑하는 나라야.
일본이 세계적으로 선진국과 어깨를 나란히 할 수 있게 된 것도 철도의 역할이 컸어.
1872년 도쿄-요코하마 구간에 첫 철도가 생긴 지 150여 년이 된 지금도
일본은 전 세계 철도 승객의 30%를 차지할 정도의 철도 대국이란다.
열차 종류만 해도 일반 열차, 고속 열차, 침대 열차, 지하철, 노면 열차, 증기 기관차,
모노레일 등 정말 다양해. 일본의 남다른 철도 사랑은 언제부터였을까?
아마 처음 서양의 철도를 보고 반했던 그 순간부터인 것 같아.

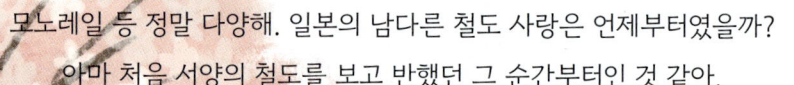

일본

 일본, 서양의 철도에 반하다

　1853년 초여름의 어느 날, 일본 에도만 해안가에 검은 배 4척이 나타났어. 페리 제독이 이끄는 미 해군 함대였지. 이들은 강한 군사력을 이용해 일본에 개방을 요구했어. 어마어마한 크기의 최신 전투함을 보는 것만으로도 일본은 겁에 질렸어. 결국 1년이 채 지나지 않아 일본은 미국과 교류를 약속하는 '미일 화친 조약'을 맺었단다.

　일본과의 조약이 끝나고 미국은 일본에 특별한 선물을 건넸어. 바로 증기 기관차와 객차, 그리고 철도였단다.

　"이렇게 신기한 기계가 다 있다니!"

　작은 모형이었지만 장난감이 아니라 실제로 움직일 수 있는 기관차였어. 증기 기관차와 3.2m의 객차, 100m의 정교한 레일은 금세 일본인들의 호기심을 자극했단다. 미국은 사실 서양의 기술력과 우월함을 자랑하고 싶었던 거야. 철도를 보여 주는 것만큼 빠른 방법은 없었지.

　일본인들은 큰 충격을 받았어. 철도를 통해서 본 서양 세계는 원하는 것이라면 뚝딱뚝딱 만들어 낼 수 있는 꿈의 세계로 느껴졌거든. 이후로 일본은 서양 세계를 향해 문을 열기 시작했어. 물론 이 과정에서 개방을 찬성하는 쪽과 반대하는 쪽이 대립하면서 혼란도 겪었지.

　하지만 대부분의 일본인 눈에 비친 서양 세계는 지금까지 본 적 없는

일본

새로운 인류나 다름없었단다. 체계화된 법률과 눈부신 과학 기술, 강한 군사력 등 모두 일본이 갖고 싶고 닮고 싶은 모습들뿐이었거든.

"우리도 서양 문물을 따라 하면 미국보다 더 발전할 수 있을 거예요!"

"미국과 유럽에 사절단을 보내서 하나부터 열까지 신기한 건 다 배워 오도록 합시다."

일본은 서양 세계를 완벽하게 복제하고 싶었어. 그래서 100여 명의 사절단을 보내 기술과 문화를 배워 오게 했지. 내심 미국이 보여 준 철도 모형을 뛰어넘는 멋진 철도를 건설해서 서양에 견줄 만한 국가가 될 수 있다는 자신감도 가지고 있었어.

사절단은 서양에 대한 부러움과 환상, 곧 따라잡을 수 있을 거라는 부푼 마음을 가지고 11개월 만에 영국에 도착했지.

사절단이 제일 먼저 어떤 걸 보고 놀랐을까? 영국 각지에 뻗어 있는 철도와 기관차였단다.

"영국에는 곳곳에 철도가 다 깔려 있구나!"

"서양은 우리가 만만히 볼 대상이 아니었어. 산업의 기초가 이미 이렇게 탄탄하다니!"

그들 눈에 비친 서양은 제국의 승리자였어. 이제 일본은 아시아를 벗어나 이들과 같은 모습, 서양 세계의 일원이 되고 싶어졌지.

 ## 일본 철도는 어떻게 놓였을까

서양 나라들처럼 되기를 간절히 바라며 사절단까지 파견한 일본은 어떻게 하면 아시아를 넘어 서양과 같은 국가가 될 수 있을지 고민하기 시작했어.

"영국의 시작은 철도였어. 철도를 놓아 국내 산업을 발전시켰고 결국 인도와 아프리카 같은 식민지에도 철도를 놓아 거대한 제국을 이루었잖아. 그래, 우리도 철도가 필요해!"

영국과 미국에서 철도가 어떻게 서양 세계를 이끌었는지 눈으로 확인하고 온 일본은 서양 세계처럼 되려면 철도가 꼭 필요하다고 확신했어. 그렇게 되면 나중에는 힘으로 아시아를 지배할 수 있을 것이라는 음흉한 꿈을 가지게 되었는데, 그 꿈에 철도가 불씨를 댕긴 거야. 더구나 이런 일본의 속마음을 알아차린 영국이 돕겠다고 나섰지.

"일본이 철도를 원한다면 우리가 돕겠습니다."

물론 영국은 영국 나름대로 계획이 있었어. 일본에 영국 철도를 깐 다음 영국 물건을 일본에 더 많이 팔려는 생각이었지. 일본인들은 영국과 함께 도쿄 신바시에서 요코하마까지 29km의 철도를 놓기로 했어.

1872년, 드디어 일본의 첫 철도가 개통되었어. 아직은 영국의 돈과 기술, 영국 기관사와 기관차를 이용해 겨우 만든 철도였지만 아시아 국가

🇯🇵 **일본**

중 유일하게 첫 철도를 스스로 결정했다는 데 의미가 있단다.

일본 철도는 영국처럼 좌측통행을 했고 기관사가 앉는 자리도 운전실의 오른쪽에 마련되었어. 그리고 이 방식은 훗날 일본의 식민지가 된 조선에도 그대로 전해졌지.

철도가 놓이자 일본인들은 이 신기한 꿈의 기계에 열광했어.

"철도가 놓였으니 이제 우리도 서양 세계처럼 될 수 있을 것이오!"

도쿄와 요코하마를 오가는 첫 철도가 개통된 후로 일본인들은 철도의 매력에 푹 빠져 버렸지. 처음에는 철도를 달리는 기관차와

객차, 이 검은 쇳덩이가 대체 뭔지 궁금해서, 그 다음엔 너무 편리해서 사람들이 몰려들었어. 곧 일본에는 철도 건설 열풍이 불었단다.

1880년에는 미국인의 지휘 아래 홋카이도 섬의 석탄 광산에 철도가 만들어졌고, 남쪽 규슈 지방 철도는 독일의 주도로 1887년 첫 운행을 시작했어. 일본 정부가 만든 국철과 개인 기업이 만든 사철도 서로 경쟁하듯 새로운 노선들을 만들어 냈지.

서양 세계를 흉내 내면서 결국에는 아시아를 정복하려던 일본의 욕심은 철도 건설로 가속도가 붙었어. 일본 각지에 건설된 철도와 그 위를 달리는 기관차는 일본의 야망을 싣고 나라 곳곳을 거침없이 달리기 시작했지.

 일본

일본의
욕심을 실어 나른 철도

　일본에 놓인 철도는 사람과 사람, 지역과 지역 사이의 거리를 빠르게 좁혀 줬단다. 철도가 놓이고 두 달 만에 '달'을 기준으로 하는 일본의 전통 달력 체계가 무너지고 '태양'을 기준으로 하는 서양의 그레고리력으로 시간도 세게 됐지. 조상대대로 수백 년을 이어 왔던 시간과 날짜에 대한 개념까지 철도가 하루아침에 바꾸어 버린 거야. 철도의 건설과 함께 일본 사회는 천지개벽하기 시작했지.

　일본 정부는 철도를 통해 일본 국민들을 하나로 묶으려는 작업도 시작했어. 전국에 하나의 소식을 전할 수 있는 신문을 철도로 운반하면서 모든 장소에서 거의 같은 시간에 같은 소식을 받아 볼 수 있게 됐지. 국민의 생각을 발 빠르게 하나로 만드는 데에도 큰 역할을 하게 된 거야.

　가장 큰 변화는 철강 산업이었어. 철도는 거의 강철로 만들어지기 때문에 철강 산업도 함께 발전했거든. 이미 제철소를 가지고 있던 일본은 철도 붐이 일면서 더 많은 철을 생산하게 됐어. 광산이 개발되고 제철소도 늘어났지. 철강 대국이 되면서 기계공업과 배를 만드는 조선업도 함께 발전했단다. 이렇게 제철 산업이 크게 발전하면서 또 어떤 것이 강해졌을까?

　그래, 군사력이야. 강철로 총도 만들고 군함도 만들어 내니까. 이렇게 강해진 군사력은 아시아 국가들을 발아래 두고 싶어 했던 일본의 계획과도 맞아떨어졌지. 일본은 군사력을 계속 키우는 것만이 일본을 지킬 수 있는 길이라고 생각했어. 총과 함대가 얼마나 무시무시한 무기인지 서양 세계를 보며 이미 알고 있었거든.

일본

철도를 통해 어느 정도 국가의 내실을 닦아 놓은 일본은 이제 다른 곳으로 눈을 돌리기 시작했어. 그리고 첫 번째 희생양으로 조선을 지목했지.

일본은 조선을 삼켜 버리려는 계획을 차근차근 실천했어. 먼저 곳곳을 돌아다니며 조선 땅을 관찰하기 시작했지. 몇 년에 걸쳐 땅은 어떻고, 조선인들은 어떤 사람들인지, 교통은 어떤지 꼼꼼히 조사해 자료를 만들었어.

"미개한 조선 땅에 철도를 먼저 놓는 자, 그 사람이 조선의 주인이 될 것이오!"

일본은 검은 속마음을 감춘 채 조선에 철도 건설을 시작했어. 본격적으로 기술자들을 보내 조선의 산과 들을 측량하고 다녔지. 갑자기 일본 사람들이 생전 처음 보는 기계로 땅 이곳저곳을 휘젓고 다니니 그곳에 살던 사람들이 이상하게 여긴 건 당연해.

"저 사람들은 대체 왜 요상한 기계로 우리 땅을 하나하나 재고 다니는 것이오?"

종종 방해하는 조선인들이 생기자 일본은 조선의 고위 관료들을 안심시키기 위해 거짓말을 꾸며 냈단다.

"조선의 새를 연구하고 있어요. 새 몇 종을 잡아다가 미국 박물관에 기증해 전 세계 사람들에게 알리려는 것이지요."

"새를 잡으려고 총을 사용하다가 조선인들이 다칠 수도 있으니 접근을 막기 위해 미리 줄을 쳐 놓는 것이지요."

실제로 이들은 마치 사냥꾼처럼 변장까지 했단다. 하지만 이런 말도 안 되는 핑계를 선량한 조선 사람들은 그대로 믿어 버렸어. 심지어 조선 조정에서는 백성들에게 일본의 조사단을 방해하지 말라고 하면서 후원까지 했지. 덕분에 일본은 2개월 만에 부산에서 한양까지 철도 노선 답사를 마쳤단다. 이제 언제든 명령만 떨어지면 철도 공사를 시작할 수 있게 되었지. 일본을 서양과 닮게 해 준 영광스러운 철도, 그 시퍼런 철길 위로 조선의 비극은 시작되고 있었던 거야.

일본은 조선에 철도 회사를 설립해서 자신들의 야망을 이루기 위한 그럴 듯한 모양새를 갖추고 발 빠르게 움직였어. 1899년 9월 18일, 마침내 인천 제물포에서 노량진으로 이어지는 33.8km의 철도가 개통되고 기차 운행이 시작되었지.

개통식에 등장한 첫 열차는 영등포에서 인천을 1시간 30분 만에 달렸단다. 일본의 아시아 침략 계획을 알리는 첫 기적 소리가 울려 퍼지게 된 거야. 한 번 철도의 물꼬가 터지자 일본 철도는 거침없이 조선 땅을 뒤덮었지.

 일본

> 더 알아보아요

• 세계 최초의 고속 철도, 신칸센

일본의 가파른 경제 성장과 함께 철도도 눈부시게 발전했단다. 1964년, 도쿄 올림픽을 앞두고는 드디어 세계 최초의 고속 철도가 개통되었어. 도쿄에서 신오사카를 연결하는 구간이었지. 속도가 한 시간에 210km에 달하는 초고속 열차였어. 속도도 빨랐지만, 사람들을 매료시킨 것은 넉넉하고 편안한 실내 공간이었어. 일본인들은 이 열차를 새로운 간선이라는 뜻의 '신칸센'이라고 이름 붙였어. '꿈의 열차'라는 별명도 생겼단다. 일본은 계속해서 최고 속도를 내는 신칸센을 개발해 운행 중이라고 하니, 신칸센의 꿈은 현재 진행형이란다.

신칸센 옆면

일본의 고속 열차인 신칸센

• 경치와 낭만을 즐기는 관광 열차

　신칸센처럼 빠르게 달리는 기차도 있지만, 일본에는 일부러 느리게 가는 기차도 있어. 일본 혼슈와 시코쿠 사이의 바다를 지나는 관광 열차가 그런 기차 중의 하나야. 일본은 철도 강국이지만 오래되어 쓸모없게 된 철로는 골칫거리이기도 했지. 일본도 우리나라처럼 인구가 줄어들면서 철도를 이용하는 사람이 함께 줄어들었거든. 시골에 있는 노선들은 타는 사람이 없으니 더는 달릴 수 없게 됐고, 멈춰 버린 철도를 다시 달리게 하고 싶었던 마을 사람들은 새로운 아이디어를 냈어. 아주 '느린 열차'를 만들기로 한 거야. 이 관광 열차를 타면 창밖에 너구리 옷을 입은 역무원 할아버지와 마을 주민들이 관광객들에게 손을 흔들어 준단다. 너구리가 많은 마을 특징을 반영한 복장이야. 따뜻한 환영에 감동한 사람들 덕분에 예약률이 90%가 넘는 명소가 되었다고 하니, 신칸센만큼이나 꿈의 열차인 것 같지?

시코쿠에서 운행되는 관광 열차

 일본

• 일본 철도의 백미, 에키벤

일본 철도 여행에서 빼 놓을 수 없는 것이 있어. 철도역에서 판매하는 다양한 도시락, 에키벤이야. 물론 우리나라 철도역에서도 도시락을 팔지만, 일본 에키벤은 더 특별하단다. 철도 노선에 따라 그 지역 특유의 식자재나 전통 요리를 활용

에키벤

해 팔고 있거든. 좋은 도자기에 담겨 나오거나, 끈을 당기면 음식이 가열되는 신기한 도시락도 있지. 새로운 철도 구간 개통을 기념해 벚꽃 열차 모양 도시락에 후쿠오카현의 명물인 '가시와' 떡을 담은 에키벤이 나오기도 했어. 유명한 에키벤은 철도 이용객뿐만 아니라 다른 지역에서 주문해 먹기도 한단다. 에키벤 경연대회까지 열린다고 하니, 일본에서 기차 여행을 하게 된다면 전통 에키벤을 꼭 먹어 보렴. 미각까지 만족시킬 수 있는 맛있는 여행이 될 거야.

철도역에서 파는 에키벤

• 세계에서 가장 긴 해저 터널

바다 밑으로도 기차가 달릴 수 있을까? 물론이야. 땅 위에 철도가 있는 것처럼 바다 밑에는 기차가 지날 수 있는 터널이 있단다. 최초의 해저 터널은 미국에서 만들어졌지만, 세계에서 가장 긴 해저 터널은 일본에 있어. 1964년 건설을 시작해 24년 만에 완성한 '세이칸 터널'이지. 세이칸 터널 건설은 쓰가루 해협이라는 곳에서 여객선이 태풍으로 침몰하는 사고가 일어나면서 시작됐어. 천 명이 넘는 사람들이 목숨을 잃으면서 바다 안에도 터널을 만들어 기차가 다닐 수 있도록 계획을 세운 거지. 바다 속에 터널을 뚫어 혼슈와 홋카이도를 연결했단다. 길이가 약 53.9km에 달해. 이 중에서 가장 낮은 곳은 수심 140m인 바다의 밑바닥(해저)보다 100m나 아래에 있으니 놀라울 뿐이야. 섬나라여서 육지에 닿고 싶은 열망이 더 강한 걸까. 일본은 세이칸 터널 말고도 세계에서 해저 터널이 가장 많은 나라이기도 하단다.

바다 아래에 뚫린 세이칸 터널 구조

08
식민지 약탈의 수단이 된 한국 철도

1899년 9월, 인천 제물포역에 사람들이 하나둘 모여들었어. 대한 제국에서 운행하는 첫 기차를 보기 위해서였지. 다들 호기심 가득한 표정이었단다. 멈추어 있는 기차는 그 모습만으로도 위풍당당했어. 바위도 아닌 커다란 쇳덩이가 스스로 움직인다느니, 몇 날 며칠 걸리던 길을 하루면 오갈 수 있다느니 저마다 말이 많았어. 그러면서도 절레절레 고개를 저었지. 두 눈으로 보기 전에는 믿을 수 없다는 뜻이었어. 드디어 하늘을 뒤흔들 것 같은 기적소리가 울렸어. 생전 처음 들어보는 굉음에 혼비백산해 물러서는 사람도 있었단다. 서서히 기차가 움직였고 구경꾼들은 벌어진 입을 다물지 못했어.

 한국

지키지 못한 제국 철도 건설권

1899년에 인천 제물포와 노량진을 오가는 우리나라의 첫 철도인 경인선이 놓이고 기차가 운행되었을 때, 모두가 기뻐한 것은 아니었어. 신문물의 등장에 환호하는 사람들 뒤로 눈물짓는 이들도 있었으니까. 그들은 철도로 인해 가족과 고향을 잃었고 폭력에 시달렸거든. 철도가 또 어떤 고통을 가져다줄지, 철도로 인해 또 무엇을 잃게 될지 짐작하는 것조차 두려워했단다. 한반도의 철도는 호기심과 두려움, 그렇게 두 얼굴을 갖고 있었어.

고종이 대한 제국을 다스리고 있을 때, 이미 서양에서는 철도가 놓여 많은 사람과 화물을 실어 날랐고

전쟁에도 이용되는 등 여러 방면에서 활용되고 있었지. 고종도 대한 제국에 철도가 필요하다는 사실을 깨닫고 있었어.

고종은 철컹거리며 굴러 가는 모형 철도를 보고 깊은 생각에 잠겼어. 몇몇 대신들이 철도의 필요성에 대해 거듭 강조하던 참이었거든. 고종이 마침내 입을 열었어.

"철도가 있으면 지역 상품을 사고팔기 쉬울 테니 나라가 더욱 부유해지겠구나."

철도를 놓아야겠다고 결정한 고종은 많은 생각을 했지. 일본으로부터 나라를 지켜야 하는 상황이었기에 대한 제국의 힘으로 철도를 놓기를 원했던 거야. 그런데 문제가 있었어. 철도를 놓으려면 많은 돈이 필요했는데 나라에는 그만한 돈이 없었던 거야.

별 수 없었던 고종은 우선 외국의 힘을 빌려서 철도를 놓기로 했단다.

철도 건설권과 일정 기간 철도 사업권을 외국에 맡기는 거지. 그 사이 대한 제국은 국력을 키워 철도를 되찾을 생각이었던 거야. 이런 계획을 세운 고종은 철도 규칙을 만들고 철도 담당 기관을 만드는 등으로 힘을 쏟았단다.

대한 제국은 먼저 미국인 모스에게 경인선 건설권을 허가해 주었어. 그러나 이마저도 뜻대로 되지 않았어. 대한 제국을 탐내며 특권을 노리고 있던 한 나라, 일본 때문이었지. 일본은 철도 사업권을 차지하려고 온갖 모략과 방해를 일삼았거든. 경인선 건설권을 갖기 위해 한반도에 전쟁이 날 것이라고 거짓 소문을 퍼뜨렸어. 이 때문에 모스는 투자를 약속했던 돈을 받지 못하게 되었지. 일본은 이때를 기다렸다는 듯이 미국이 가지고 있던 경인선 건설권을 돈을 주고 사들인 거야.

고종의 바람과는 달리 경인선(경성-인천)뿐만 아니라 경의선(경성-신의주), 경부선(경성-부산)마저도 일본으로 넘어가게 되었어. 이렇게 한반도의 철도를 일본이 장악하게 된 거야. 대한 제국을 정복하기 위해 철길을 깔고 이를 철저히 이용하려는 일본의 속셈은 불 보듯 뻔했지만 고종은 하나씩 하나씩 일본의 손아귀에 넘어가는 철도 건설권을 두고 볼 수밖에 없었단다.

일본은 왜 그렇게 대한 제국의 철도를 탐냈을까? 그래, 대한 제국을 식민지로 만들 계획이었던 거야. 물론 그것이 전부는 아니었어. 대한 제국을 밟고 동북아 지역까지 세력을 확대하려 한 것, 이것이 제국주의 일본의 엄청난 야욕이었단다.

　전쟁을 일으킨 뒤 일본에서 배로 실어 온 병력과 물자를 한반도의 북쪽까지 마차와 자동차로 옮기기에는 한계가 있었거든. 시간이 걸리고 비용도 들었을 거야. 이런 문제는 한반도에 철도만 있으면 쉽게 해결될 수 있었지. 일본의 시모노세키에서 출발해 부산에 도착한 뒤, 경성, 의주를 지나 만주까지 이동할 수 있었으니까. 철도야말로 일본의 세력을 확장하는 데 꼭 필요한 수단이었어. 그렇기에 일본이 놓은 철길이 한반도에 뻗어 나갈수록 대한 제국의 고통은 점점 더 심해질 수밖에 없었단다.

철도가 놓이면서 빼앗긴 것들

　일본은 대한 제국으로부터 철도 건설권을 얻어 낸 뒤, 그들의 계획을 하나씩 실천해 나갔어. 철도를 놓으려면 일단 땅이 필요하잖아. 일본은 될 수 있는 한 넓은 토지를 차지하려 했어. 거기에 기차역을 짓고 집도 지어 일본인들을 살게 할 속셈이었지. 일본은 철도 노선을 정한 뒤 그곳에 살고 있던 사람들에게 떠날 것을 독촉했어. 마을 주민들은 보상도 제대로 받지 못했어. 하루아침에 생활 터전을 빼앗기게 되었으니 억울하고 기가 막혔지.

　"기차가 꼭 이 길로 지나가야 하는 거요? 우린 어디 가서 살라는 말이오!"

"며칠 내로 비우시오! 그렇지 않으면 무슨 일을 당할지 모를 테니!"

일본의 거침없는 행동에 사람들은 분통을 터뜨렸어. 힘을 합쳐 곳곳에서 저항했지만 돌아오는 것은 무자비한 폭력이었어. 일본은 눈 하나 깜박하지 않았단다.

집안 대대로 터를 잡고 살아왔던 집은 밀어 버렸고 기차역을 짓는다며 나무를 마구 베어 냈어. 심지어 조상들의 묘지도 파헤쳤어. 그 수가 자그마치 1천여 기나 된다고 하니, 당시 일본의 횡포가 어느 정도였는지 짐작이 가지? 다들 오랜 세월 살아온 고향을 떠나고 싶지 않았을 거야. 하지만 쭉쭉 뻗어 오는 철로에 자리를 내어 줄 수밖에 없었지.

일본은 땅을 빼앗은 뒤 대한 제국 사람들도 앗아 갔어.

"이제 곧 수확해야 하는데, 어찌 고향을 떠나겠소?"

"이게 다 대한 제국의 발전을 위한 것인 줄 모르나? 어서 출발하라!"

일본은 철도를 놓을 일꾼이 필요했어. 마을마다, 집마다 필요한 인력을 일방적으로 정해 주었어. 헌데 그 수가 지나치게 많았던 거야. 한 마을에 수십 명에서 백여 명, 아니 그 이상에 이르렀어. 항의도 하고 사정도 했지. 일 나갈 사람이 없다고 버텨도 보았고. 하지만 통하지 않았어. 일본은 철도 건설에 응하지 않거나 반항을 하면 끌고 가 때리거나 죽여 버렸지.

그렇게 끌려간 사람들은 매일같이 혹독하게 일해야 했어. 일손이 필요한 추수철에도, 조상에게 차례를 지내야 하는 명절에도 관계없이 말이야. 그들은 매일같이 중노동에 시달렸지만 그 대가는 턱없이 적었어. 이런 일들을 겪으면서 사람들은 생각했어.

"철도가 대한 제국을 위한 것이라고? 새빨간 거짓말이야!"

사람들의 분노와 절망이 느껴지니?

이처럼 철도는 일본의 가혹한 노동에 시달렸던 수천만 대한 제국 사람들, 그들의 땀과 눈물로 놓인 것이란다. 철도를 놓은 뒤로 많은 일본인이 이주해 왔어. 일본이 자국민들의 이민을 적극적으로 권했거든. 가고 싶은 사람은 모두 가라는 식이었지. 그들 중에는 사기꾼처럼 대한 제국에서 한몫 잡아보려는 사람, 폭력배처럼 힘으로 무엇이든 빼앗으려는 나쁜 의도를 가진 사람이 많았어.

철도는 대한 제국의 경제도 바꾸어 놓았어. 이는 한반도를 손아귀에 넣으려는 일본의 계획 때문이었지. 일본인들이 오면 올수록 철도역 부근에 일본식 주택과 점포가 늘어났고, 곳곳에 일본의 문화가 침투했어. 무엇보다 그들은 대한 제국의 토지를 빼앗기 위해 만들어진 동양척식주식회사의 간사한 계략으로 쉽게 땅을 차지했지. 대한 제국의 땅은 점점 줄어들었고 경제는 무너지기 시작했어.

"아랫집도 결국 농사를 못 짓게 되었다는구먼. 곧 떠난다는 말이 있던데."

"나도 그리될까 걱정일세. 일본인 지주가 워낙 고약해서 말이야."

한국

1910년, 강제로 한일 병합 조약이 이루어진 뒤로 마을을 떠나는 사람들이 늘어났어. 반면 일본인들은 계속 들어왔지. 일본말이 오갔으며 일본풍의 집이 세워졌고 상점마다 일본산 상품이 늘어서기 시작했어. 마치 일본 마을이라 해도 믿을 정도로 일본의 모습을 띠게 되었지.

대한 제국의 경제는 더는 대한 제국 사람들에 의한 것이 아니었어. 일본인들이 구석구석 장악하기 시작한 거야. 점포는 물론이고 전국을 돌아다니던 보부상도 눈에 띄게 줄었어. 맞아. 일본인이 늘어날수록 대한 제국 사람들이 설 자리는 점점 좁아질 수밖에 없었단다.

1920년, 일본은 대한 제국의 쌀 생산량을 늘리는 산미 증식 계획을 실행했어. 대한 제국을 일본의 식량 공급 기지로 만들 생각이었던 거야. 대량의 쌀을 재배해 기차와 배를 이용해 일본으로 빼 갔지. 그 때문에 쌀 생산량이 늘어났어도 굶어 죽는 사람들이 많았단다. 대한 제국, 우리나라에서 나는 쌀인데도 정작 우리나라 국민들은 구경하기도 힘들었던 거야. 땅도, 쌀도 빼앗긴 대한 제국 사람들은 분노를 감추지 않았어.

"철도를 부수어 버려야 해. 저것이 이 나라를 삼켜버릴 거야."

대한 제국인의 저항은 철도를 놓을 때부터 일제 강점기 내내 계속되었단다.

 ## 철도에 맞선 사람들

 땅이 얼어붙을 만큼 매서운 추위에 철도를 놓느라 많은 사람이 고생했어. 무거운 돌을 나르면서, 차가운 철로를 놓으면서 그들의 허리는 굽어만 갔지. 조금이라도 일본인의 마음에 들지 않으면 이내 몽둥이가 날아왔거든. 이렇게 어려운데도 일본은 대한 제국 사람들의 어려움을 생각해 주지 않았어.

 많은 것을 빼앗긴 사람들의 불만은 눈덩이처럼 불어나 결국 폭발하게 되었지. 일본의 횡포를 견디다 못한 백성들의 민란이 일어난 거야. 그 결과 많은 사람이 다치거나 죽었어. 일본은 고통을 외치는 우리 백성들에게 반역을 저지른 폭도라는 누명을 씌웠지.

 당시 철도는 일본에 있어 군사적으로 중요한 역할을 했어. 그 때문에 조금이라도 일본을 방해하는 이들에게는 참혹한 대가가 뒤따랐지. 어른이건 아이건 할 것 없이 죽여 버렸거든. 하지만 그에 맞선 사람들의 저항도 만만치 않았어. 일본의 착취와 폭력에 꿋꿋하게 버티고 오뚝이처럼 맞섰단다.

 "자, 열차가 곧 도착할 거요. 조금만 더! 선로까지 힘껏 굴려 봅시다."

 이게 무슨 소리냐고? 철도 선로 쪽으로 바위를 굴리는 이가 하는 말이야. 그들은 주로 새벽녘이나 어두운 밤에 일을 벌였어. 커다란 바위를 선로에

 한국

놓아 열차를 탈선시키는가 하면 선로를 폭파해 못쓰게 했지. 그게 다가 아니었어. 달리는 열차에 돌을 던졌고 기차역에 불을 질렀어. 일을 실행하다 잡힌 사람들은 대부분 모진 고문과 총살을 당했지만 그들은 멈추지 않았지.

이토 히로부미가 경부선을 타고 갈 때였어. 원태우라는 농부가 선로에 돌을 쌓아 열차를 전복시킬 계획을 세운 거야. 고개를 넘어오는 열차 소리가 점점 가깝게 들릴 즈음이었어. 그런데 겁에 질린 동료가 힘들여 쌓아 놓은 돌무더기를 무너뜨리고 도망가 버린 거야. 계획은 실패의 기로에 놓였지만 원태우는 포기하지 않았어. 언덕을 넘어온 열차가 철커덩철커덩 바퀴를 굴리며 달려오고 있었어.

"이대로 돌아갈 순 없어. 어떻게든 본때를 보여 줄 테다!"

원태우는 묵직한 돌을 찾아 쥐었어. 이토 히로부미가 탄 일등석을 향해 힘껏 내던졌지. 날아간 돌멩이는 유리창을 깨고 이토 히로부미의 얼굴에 명중했어. 유리 파편이 이토 히로부미의 얼굴에 쏟아졌어. 이 사건은 신문에 보도되었고, 대한 제국 사람

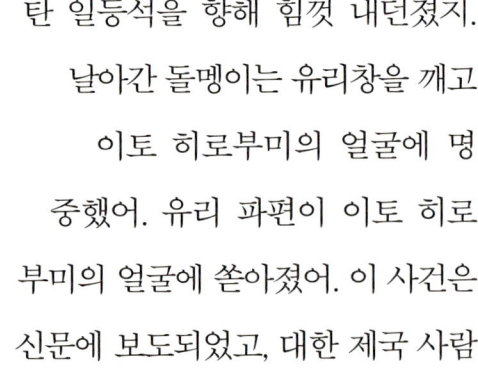

들은 큰 상처를 입은 이토 히로부미를 생각하며 쾌재를 불렀단다.

　대한 제국은 철도를 통해 개화를 이루었어. 하지만 일본의 식민지였기 때문에 철도가 놓이고 열차가 운행되는 과정에서 사람들은 분노와 아픔을 느낄 수밖에 없었던 거지. 새 시대에 대한 기대를 품게 한 철도는 대한 제국 사람들의 삶에 고통을 가져다주었거든. 오늘날 철도는 중요한 교통수단으로 자리매김했지만, 우리나라가 철도 건설 초기에 겪었던 민족의 시련을 생각하면 아쉬움이 남는단다.

한국

> 더 알아보아요

• 우리나라 최초의 증기 기관차인 모갈 1호

1899년에 경인선 선로 위를 달렸던 기차가 바로 모갈(Mogul) 1호야. 우리나라 최초의 증기 기관차이지. 모갈은 탱크 모양 증기 기관차에서 따온 이름으로 거물, 거인이라는 뜻이야. 기관차 뒤로 3량의 객차가 연결된 형태였어. 일등석 외국인용, 이등석 내국인용, 삼등석 여성용으로 이루어져 있었지. 모갈 1호는 시속 20km의 속도로 달렸어. 당시 마차나 가마의 속도에 비하면 그야말로 믿기지 않는 빠른 속도였지. 그런데도 승객은 많지 않았어. 요금이 매우 비쌌고 일본인이 운영했기 때문이야. 운영이 어려워지자 뒤늦게 가격도 내리고 광고도 만들어 차츰 위기에서 벗어날 수 있었지.

• 차별 받은 대한 제국 사람들

기차에서 대한 제국 사람들에 대한 차별은 심했어. 일본인은 1등 국민, 대한 제국인은 2등 국민이라는 말이 있었어. '대한 제국 사람들을 화물과 같이 취급한다.'라는 말이 나올 정도였으니 그 정도를 짐작할 만하지. 오히려 대한 제국 사람들의 반발을 우려해 지나친 차별을 자제하라고 신문 기사가 실릴 정도였어. 씁쓸한 사실이지. 이렇게 차별이 심했지만 차표는 누구나 돈을 내면 살 수 있었어. 단, 액수에 따라 이용하는 객차와 대합실의 수준이 달랐지. 자본주의 사회에서 금액에 따른 객실의 구분은 당연하게 여겨질 거야. 하지만 당시 식민지 현실에서는 사정이 조금 달랐어. 돈이 많아도 대한 제국 사람들은 일등석을 탈 수 없었거든. 그뿐만 아니라 일등석에는 일본어 신문만 있었지. 일등석은 대한 제국 사람들에게는 눈앞에 있어도 가질 수 없는 그런 대상이었단다.

경인선을 최초로 달린 모갈형 증기 기관차

경인선 개통 당시의 객차 모습

한국

• 서울역의 두 얼굴

문화역 서울 284

　서울역에 가면 '서울역'과 '문화역 서울 284'를 볼 수 있어. 깔끔한 유리 건물이 바로 열차가 오가는 '서울역'이고, 그 옆에 붉은 벽돌로 지어진, 돔 모양의 지붕을 한 건물이 '문화역 서울 284'야. 284는 문화재 번호란다. '문화역 서울 284'는 예전의 서울역이었어. 더 전에는 경성역이라 불렸지. 안쪽에는 1925년 경성역의 모습을 복원하여 역사의 흔적을 느낄 수 있어. 반면 현재의 서울역은 확연히 다른 분위기야. 겉에서 보기에도 도시적인 느낌을 물씬 풍기거든. 경부선과 경의선이 오고갈 뿐만 아니라 지하철 1호선과 4호선의 환승역이라 항상 사람들로 북적이지. 문화재 번호 284번의 서울역과 현재의 서울역, 흥미롭게도 그 이름에서처럼 서울역의 과거와 현재, 두 얼굴을 볼 수 있단다.

• 한국의 KTX와 프랑스의 TGV

KTX는 Korea Train Express(한국 고속 철도)의 약자야. 한국은 2004년 경부선 개통을 시작으로 고속 철도의 문을 열었어. KTX는 프랑스의 TGV(테제베)를 모델로 하여 만들어졌어. 일본, 프랑스, 독일, 스페인에 이어 세계 5번째로 건설되었지.

열차 속도에 대한 경쟁은 기차가 처음 달렸던 때부터 현재까지 계속되고 있어. 유럽의 대중 교통 정보 사이트 'Go Euro'에 따르면 한 시간에 일본의 신칸센은 최고 속도 603km, 프랑스의 TGV는 575km, 한국의 KTX는 421km라고 해. 유럽이나 일본에 비해 늦게 출발한 점을 생각하면 대단하다고 할 만하지.

KTX 덕분에 서울-부산은 2시간 40분이면 갈 수 있게 되었어. 전국이 초고속 생활권에 들어선 거란다. 기존에 다니던 기차로는 약 5시간 정도 걸렸으니 시간이 절반 정도 단축된 셈이야. KTX는 지금도 경부선, 호남선, 전라선, 강릉선 등 국내 곳곳을 달리고 있어.

강원도 바다를 감상할 수 있는 KTX

한국

우리나라의 고속 철도, KTX

• 한국 철도의 미래

한국 철도는 1899년 경인선 개통을 시작으로 2004년 KTX, 2018년 남북철도 협력까지 백 년이 넘는 세월 동안 쉼 없이 달려 왔어. 전국 곳곳에 놓인 철길이 자그마치 9,600㎞에 달해. 여기서 멈추지 않고 남부에서 북부, 중부에서 사방으로 가지를 뻗어 나가고 있어. 그뿐만 아니라 국내를 넘어 남과 북을 잇는, 아시아와 유럽을 잇는 유라시아 횡단 철도를 계획하고 있지. 유럽까지 기차를 타고 갈 수 있다니! 국경을 넘어 새로 놓일 철길은 많은 사람의 기대를 받고 있어.

지금까지 철도가 경제 성장을 이루는 원동력이 되었듯 미래에도 지역 사회의 발전을 북돋워 주는 역할을 할 예정이야. 지역의 특성을 살린 테마 열차도 운영하고 있어. 평화열차 DMZ-train, 백두대간 협곡열차 V-train, 남도 해양열차 S-train 등이 있지. 앞으로 또 어떤 형태의 열차가 달릴지 궁금하지 않니?

　한국 철도는 어느 나라보다 안전한 철도, 친환경 교통수단의 역할을 다하기 위해 다양한 첨단 기술을 이용해 끊임없이 연구하고 있단다.

백두대간 협곡열차(태백 철암역)